101 Things I Learned® in Advertising School

Tracy Arrington with Matthew Frederick

広告・宣伝を学ぶ 101のアイデア

著｜トレイシー・アーリントン＋マシュー・フレデリック　訳｜齋藤慎子

101 Things I Learned® in Advertising School
by Tracy Arrington with Matthew Frederick

Copyright © 2018 by Matthew Frederick
This translation published by arrangement with Crown,
an imprint of Random House, a division of Penguin Random House LLC
through Japan UNI Agency, Inc., Tokyo

凡例
・訳者による本文中の補足は〔 〕で示した。
・書籍は『 』で示した。

Contents

まえがき

　アメリカの広告産業は数千億ドル規模とはいえ、それだけでは成り立ちません。ほかのビジネスに完全に依存しているのです。広告業界の人間はよく「広告の仕事をしています」と言いますが、実際に関わっているのは、自動車、映画、スーパーマーケットほか各種小売、通信、保険、テクノロジー、教育、金融、旅行、エネルギー、医薬品、製造、ホテルや飲食店など、さまざまな業界なのです。

　わたしは、そうとは思いもよらずに広告を学ぼうと決めたのでした。数学オタクだったので、自分の分析能力を金融とか化学工学とかではなく、もっとわくわくする分野で活かせる仕事に就きたかったのです。それには、自分のコンフォートゾーン〔得意分野など、ストレスなく活動できる領域〕からうんと離れて進むことが必要でした。広告を学びに来ていたほかの人たちのほうが、わたしよりこの分野に適しているように思えました。アート、ライティング、写真、心理学、情報科学といった技術や知識のある人たちだったからです。ところが結局、わたしたちは全員、実に多くのことを学ばなければなりませんでした。広告の仕事には、スキルも重点領域も多種多様な、さまざまなタイプの人間が必要なのです。

わたし自身の能力はいまやデータ分析の域を、予測していたのとはまったく違う方向へですが、はるかに超えています。わたしが身につけた知識は、ちょっと変わったランダムなものばかり。牛ミンチの解凍の仕方、高級ブティックの店員がトイレまで案内してくれる理由、ジープのヘッドライトをLEDに替えるにはイコライザーを搭載しなければならない理由、グリーンエネルギーにお金を払っていても、家庭の電気はダーティーエネルギー（非再生可能エネルギー）で発電されている理由、映画館のポップコーンのレシピなどを知っています。

　こうした、広告業につきものの一貫性のなさは、広告業界人には興味深いのですが、世間から不当に非難されがちな理由かもしれません。広告業は本質がない、核がない、という人もいます。うわべだけ、イライラするかつまらないか、押しつけがましい、ウソをつく技術、という人もいます。

　現実には、広告業は多くの人が思っている以上に複雑なのです。そこに投入されているスキルもさまざまなら、この業界に入る方法もさまざま、入ってからおこなう仕事もさまざまです。ウソをつく技術、という揶揄には、その逆だと言い返します。広告は本当のことを伝える技術だからです。広告キャンペーンがうまくいくのは、本質的ななんらかの真実をきちんと提示しているときです。それは、製品やサービス、消費者のニーズや性癖、日常のちょ

っとしたこだわりだったり、文化的なものから来る強い関心や先入観だったりします。そこに自分たちの姿がある程度示されていると、広告は共感を呼ぶのです。

　本書には、広告業がどういうものか、自分にふさわしいところか、の理解につながるような項目をまとめています。あなたが一番興味を引かれる項目は、クラスメートや仕事仲間が好む項目とはおそらく異なるでしょう。6カ月後、あるいは6年後に読み返してみると、かなり違う印象を受けるかもしれません。新たな理解や経験によって、読み取るものも学び取るものも、それぞれ変わってくるからです。そうした過程で、本書があなたをコンフォートゾーンから追い出す力となり、自分の適所を見つけるための、基礎知識、総合的観点、刺激、インサイトになれば幸いです。

トレイシー・アーリントン

広告・宣伝を学ぶ 101のアイデア

広告嫌いはなんでもかんでも自分でするはめに

　自分でやるより安上がりのモノやサービスを購入できるあなたは、消費者です。いまの経済は、こうした考えを多くの人が受け入れることで成り立っています。わたしたちひとりひとりが、なんらかの分野を専門としてモノやサービスを生み出し、ほかの分野ではほかの人の専門性と生産性に頼っています。広告は、ほかの人たちが提供してくれるものを知る手段であり、大量生産と大量消費の案内役として必要なものなのです。

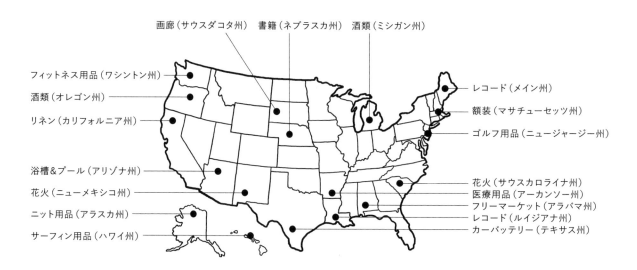

一部の州にやたら多い店舗のタイプ
（『ハフィントン・ポスト』〔2017年にハフポストに改称〕、イェルプ、2015年）

ほとんどの人は自分とそう変わらない、かろうじてだけど

　広告キャンペーンのターゲット層には、属性、興味、行動に共通点がみられます。自分がまさにそのターゲット層だった場合、消費者としての自分にアピールする広告をつくりたくなるかもしれません。たとえば、ウイスキー好きのいかにも男性的な人がウイスキーの広告を考える場合、自分がふだん読んでいる雑誌『マクシム』〔イギリスの男性向け雑誌〕に広告を打とうとするかもしれません。ところが、データによると、ウイスキー好きが一番よく読んでいるのは、家庭情報雑誌『ベター・ホームズ＆ガーデンズ』なのです。

　自分や知人にアピールする広告ではなく、データが示すオーディエンスをよく理解したうえで広告を考えましょう。

気づく　　検討する　　興味を持つ　　気に入る　　選択する　　購入する

購入プロセス

　消費者が購入決定にいたるまでのプロセスはどんなものにもあります。このプロセスのひとつひとつで、消費者とその商品の結びつきが強化されていきます。タコスやチューインガムのような安価なものなら、このプロセスはごく短く、場合によっては一瞬かもしれません。一方、車や洗濯機、婚約指輪など、高価なものや思い入れのあるものなら、数カ月や数年におよぶこともあります。

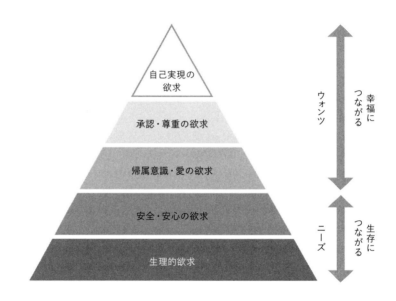

マズローの欲求5段階説

モノではなく、まずニーズやウォンツに訴える

　野菜ジュースはモノ〔プロダクト／売り物〕、栄養素はニーズ〔生存につながる必要性〕、不健康な食生活を送っている罪悪感から解放されることがウォンツ〔幸福につながる必要性〕。芝生の種はモノ、自治会のルールを守るのはニーズ、青々とした芝生でご近所さんをうらやましがらせるのがウォンツ。日焼け止めはモノ、皮膚がん予防はニーズ、年齢より若く見せるのがウォンツ。コートはモノ、防寒はニーズ、ファッショングルとしての評判を維持するのがウォンツ。車のタイヤはモノ、車に乗せるわが子の安全はニーズ、かっこいいドライバーだと思われるのがウォンツ。

屋外媒体
空中広告〔アドバルーンなど〕、屋外看板、ロゴ入りプレミアム、タクシー等の交通広告、
体験型イベント、広告塔、ショッピングモール、Tシャツ、タトゥーなど、以下4媒体以外のすべて

動画媒体　　　**オーディオ媒体**　　　**デジタル媒体**　　　**印刷媒体**
動画を伴うあらゆる媒体　ビジュアル要素のない、　メール、ソーシャルメディア、　新聞、雑誌、チラシ、
　　　　　　　　　あらゆる聴覚媒体　　　ウェブ広告など　　　カタログDMなど

広告5媒体

あらゆる平面が広告媒体になりうるが、
どこでもいいってものでもない

　どんな環境で広告を目にするかは、広告されているモノやサービスに対する反応に強く影響します。（アメリカ人ならまず行きたがらない）車両管理局で長時間待たされているときに目にする広告のブランドは、退屈で画一的な印象を与えてしまうかもしれません。ほかの場所なら魅力的に感じられるブランドでも、公衆トイレでその広告を目にすれば、品がなく、低俗な感じを与えてしまうかもしれません。がんセンターの出入り口に葬儀場の広告を掲げれば、速攻で憤りを買うこと間違いなしです。

ヘッドライン ——————

ビジュアル ——————

ボディコピー ——————

行動喚起（CTA）——————

$10,000 REWARD
WANTED DEAD OR ALIVE
JESSE JAMES

Wanted for the robbery of
multiple banks, trains, stagecoaches,
and the Kansas City Fair
Jesse Woodson James / Alias: Thomas Howard
5'-11" tall, 170 pounds, slight build / armed and dangerous

CONTACT THE NEAREST
U.S. MARSHAL'S OFFICE

印刷物広告の6要素

ヘッドライン（見出し） 問題やベネフィットを伝えたり、好奇心を刺激したりします。

ビジュアル要素（イラストや写真） その広告のテーマ。提供しているモノやサービス、その使用シーン、それによって解決できる問題や得られるベネフィット（利点、恩恵）など。

ボディコピー 本文コピー。主なベネフィットに焦点を当てることで、そのモノやサービスに興味を持ってもらいます。ただし、オンラインで問い合わせてもらうことを目的に、感情を強く揺さぶろうとする広告の場合は、ボディーコピーなしの場合もあります。

行動喚起（CTA: Call To Action） 具体的な行動を急いでとるよう促します。「いますぐお近くのディーラーへ（お越しください）」など。

お問い合わせ 問い合わせ先やオファーの利用方法を伝えます。従来の広告には、企業名、住所、電話番号が記載されていましたが、いまならウェブサイトやSNSアカウントだけで十分かもしれません。

企業ID 通常はロゴですが、企業名だけの場合もあります。

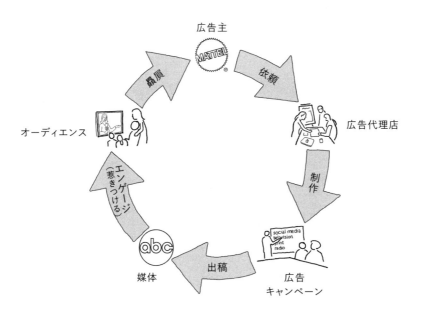

広告主

依頼

広告代理店

制作

広告
キャンペーン

出稿

媒体

エンゲージ
（惹きつける）

オーディエンス

訴求

広告代理店が宣伝するのではない

広告主　マスメディアを通じて消費者に働きかけたり知らせたりしようとする、個人、機関、企業など。

広告代理店　広告主に依頼されて、消費者の認知および行動を促す戦略を考え、具体的手段を編み出す企業。

媒体　広告出稿先。テレビネットワーク、ウェブサイト、新聞、屋外看板など、広告の時間枠やスペースを提供する企業。

タイポグラフィ

ビジュアルイメージ

キャラクター／声色
（アフラックの例）

指定色

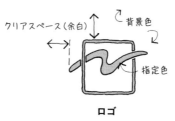

クリアスペース（余白）　背景色　指定色

ロゴ

一般的なブランドスタンダード

広告は1回きりではない

　企業や機関がその存在を世間に知ってもらう方法はさまざまです。そのどれもが一連の**ブランドスタンダード**にきちんと沿っていて、ブランドのキャラクター、視覚イメージ、雰囲気が一貫して、あらゆる場面、つまり、オンライン広告、看板、カスタマーセンターの応対において保たれているのが理想です。

　広告主のブランドスタンダードも調べずに広告キャンペーンの企画にとりかかってはいけません。スタンダードが確立されていないか、あっても時代遅れな場合は、スタンダードづくりをお手伝いしたうえで、その広告キャンペーンのコンテクスト（文脈）についてクライアントと共通理解のもとに進めます。

わざはビジュアルではなく、アイデアにある

　広告は見た目に気持ちよくアピールするに越したことはありませんが、広告の真のアート（わざ）は、そのモノやサービスが利用されるコンテクストの、行動学的・心理学的・文化的側面のインサイトを深く掘り下げていくところにあります。

　手先が器用じゃないからだめ、とはかぎりません。焦点をあてるべきは、インサイトを深めること、それをベストの形で伝えることなのです。ビジュアルはトレースしたりカットアンドペーストしたり、棒線画でもかまわないので、こちらのアイデアを伝えることばを慎重に選んだうえで、そのアイデアをじっくりと判断します。ビジュアルで伝えるのが得意な人は、急いで形にしようとしないこと。一見、広告らしくても、インサイトに欠けていますから。

ジェームズ・ランドルフ・アダムズ

「著名なグラフィックデザイナーが優れた広告をつくることはめったにありません。ビジュアルの美しさを優先し、売り込むことを忘れてしまうからです」

—— ジェームズ・ランドルフ・アダムズ*1

あなたにふさわしい車

Because you deserve it.

The new Royal Deluxe IV

ブランド広告

今すぐご契約を
高額賞金が当たるチャンス！

Enter *NOW*
*You might win
a gazillion dollars!*

ダイレクトレスポンス広告

ブランド広告か、ダイレクトレスポンス広告か

　ブランド広告、または「ソフトセル」広告は、長期的な土台固めとなるものです。どういう企業なのかを伝えることで、独自性や知名度を総合的に構築していきます。品質に対する期待を高めたり、潜在購入者との感情面でのつながりを構築したりするのに適しています。購入サイクルが長いもののブランドや商品に対する認知度を高めるうえで特に効果的です。

　ダイレクトレスポンス広告、または「ハードセル」広告は、なんらかの具体的な行動を促すことに焦点をあてるものです。電話してもらう、リンクをクリックしてもらう、アプリをダウンロードしてもらう、購入してもらう、投票してもらうよう仕向けるわけです。7月中に車を100台販売するなど、限られた期間内に具体的な目標を達成したい場合に適しています。ダイレクトレスポンス広告の成果は、キャンペーン前後のデータ比較で測定可能です。

営業員　　　カスタマーサービス　　　ロゴ入りグッズ

アプリ　　　店頭販促物　　　ウェブサイト

よくあるタッチポイントの例

タッチポイント

　タッチポイント（顧客接点）は、企業と消費者のあらゆる接点のことです。消費者はさまざまタッチポイントを通じて、その企業の誠実さ、品質、取扱製品など、トータルな印象を持つようになります。購入後のカスタマーサービスとのやりとりに至るまで、ブランド認知を促した広告と完全に一貫しているのが理想です。

トイレットペーパーなら「到達率^{リーチ}」、
ビヨンセの公演なら「接触頻度^{フリークエンシー}」を重視する

　リーチ（**到達率**）は広告メッセージが届く人の数。幅広い人々が利用し、季節に関係なく売れるモノなら、なるべく多くの人に、なるべく多くの場所で、ときに中断することはあっても、長期にわたって宣伝します。

　フリークエンシー（**接触頻度**）は、広告メッセージが届く回数。特定のオーディエンスに対して限られた期間内にアピールするなら、その期間内のフリークエンシーがなるべく高くなるよう宣伝します。

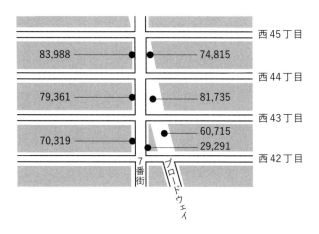

西45丁目

83,988 ●　● 74,815

西44丁目

79,361 ●　● 81,735

西43丁目

70,319 ●　● 60,715
　　　　　　● 29,291

西42丁目

7番街

ブロードウェイ

2017年2月のニューヨークのタイムズスクエア1日あたりの平均歩行者数
（タイムズ・スクエア・アライアンス）

広告をどこに出すかが、最大の決断

　ドライバーや歩行者が立ち寄ってくれるのを期待している店なら、人通りの多いエリアにあることが強みになります。顧客との直接コンタクトに頼らない企業であっても、繁華街に企業広告を出すことでブランド認知アップが期待できます。へんぴなところにある企業や、顧客との接点がオンラインのみの企業は、それで浮いた家賃分を広告にあてるべきです。

ANTES DE SER GUERRILLERO,
ERES MI HIJO.

ANTES DE SER GUERRILLERO,
ERES MI HIJO.

ANTES DE SER GUERRILLERO,
ERES MI HIJO.

ゲリラ兵である前に、あなたはわたしの息子

世界で2番目に長い内戦の終結につながった広告キャンペーン

　コロンビア革命軍（FARC: Fuerzas Armadas Revolucionarias de Colombia）がコロンビア政府に対してテロ活動を始めたのは1964年。紛争はその後45年以上続き、コロンビア防衛省はある広告代理店に依頼して、革命ゲリラ兵にこれ以上テロ行為に関わらないよう、思いとどまらせる案を考えてもらいました。

　2010年のクリスマスの少し前、広告代理店Lowe SSP3〔現MullenLowe SSP3〕は、FARCのゲリラ兵が数多く潜んでいるジャングルにクリスマスツリーを数本設置しました。ツリーの飾りには「クリスマスがこのジャングルにも訪れるのなら、あなただって家に帰れるはず。離脱しなさい」というメッセージもありました。実際に、クリスマスを家族と過ごそうとして離脱した複数のゲリラ兵が確認されました。1年後、同広告代理店は、ゲリラ兵が往来によく利用している河にいかだを浮かべました。そこにはカラフルなプラスティック製ボールのほか、家族からのプレゼントや手紙が積まれていました。このときも、複数のゲリラ兵の離脱が確認されました。

　それから数年後、FARCは一方的停戦を宣言しました。以来、この長い紛争を終わらせるためにコロンビア政府との合意交渉をおこなっています。

批判するのではなく、理解する

　自分にとって興味があるモノだからといって、好意的に見るのは間違っていますし、自分ならこんなものは絶対に使わないからといって、そのモノやオーディエンスを批判するのも間違っています。そのユーザのものの見方、感情、志向性を事実として認め、ユーザの身になって考えるのです。そうして完成した広告が自分やクライアントの個人的趣味に合わなくても、重要なのは、ターゲットオーディエンスにアピールすることであり、自分や広告主にではないことを肝に銘じましょう。

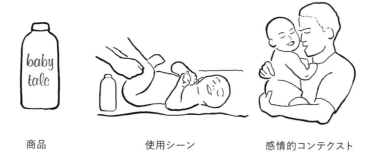

商品

使用シーン
（物理的／実用的コンテクスト）

感情的コンテクスト

17

コンテクストを示す

　消費者は、商品そのものが欲しくて購入するのではありません。暮らしをよりよくしたくて購入するのです。使用シーンのコンテクストを打ち出すことで、ターゲットとなる消費者に、自分が使っている様子を想像しやすくさせるのです。

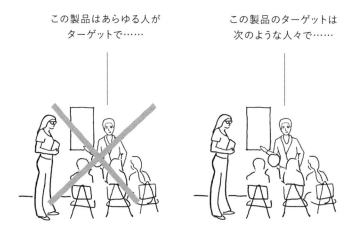

ターゲットを絞り込めばより多くの人に届く

　万人に共感してもらえるような商品も広告もありません。確実にわかってくれそうな人を特定してターゲットとするのです。つまり、こちらの売り物の価値をそもそも理解してくれている特定のタイプ、ということです。そういう人はほかにも必ずいるはずです。万人にリーチしようとすると、コア層に気づいてもらえないかもしれません。こちらの売り物をとても気に入ってくれ、確実に購入してくれそうな比較的少数にリーチするほうが、煮え切らない態度で、買ってくれそうにない多数にリーチするよりいいのです。

　コアターゲットを特定するのが難しければ、ユーザにはまずなりえない人々、こちらからあえて知ろうとも思わなかった人々と、その考えを知るようにします。こうした人々から話を聞いてどういうタイプかがわかれば、それとは異なるタイプに、ターゲットオーディエンスが見つかるかもしれません。

台数

700,000

600,000

500,000

400,000

300,000

200,000

100,000

0

1965　1970　1975　1980　1985　1990　1995　2000　2005　2010　2015

年

新たな広告キャンペーン開始

米スバルの販売台数（1968〜2016年）

コア層に気づいた米スバル

　1968年に米国市場に参入したスバルは、ほかのアジア系ブランドの輸入車とくらべて、販売台数も市場シェアも伸び悩んでいました。1990年代に入ると販売台数は下がる一方です。米スバルは、アメリカで主流ブランドにはなりえないことを認め始めました。でも、いったいどんな人たちが、どんな理由でスバル車に乗ってくれているのか。

　そこで米スバルがユーザを調べたところ、販売台数の半数を次の5グループが占めていたことがわかりました。教育者、医療従事者、テクノロジー関係、アウトドア派、家長である独身女性です。こうしたユーザが評価していたのは、悪路でも職場へたどり着けるスバルの全輪駆動（AWD）、同社のワゴンはギアが多いわりにトラックより操作しやすい点でした。

　米スバルは、この5グループすべてをターゲットにした広告キャンペーンを開始しました。女性家長のユーザ層にはレズビアンの割合が高いこともわかったため、広告に婉曲表現をとりいれてゲイやレズビアンにアピールするようにしました。ゲイ・プライド・パレードの後援、レインボー・クレジットカードとの提携、レズビアンで元プロテニス選手のマルチナ・ナブラチロワを広告に起用したのもその一環です。こうした広告キャンペーンは、スバル車不買運動の脅しを受けましたが、抗議していたのは、スバル車を購入したことがない人たちだったのです。以来、米スバルは成長を続けています。2016年には年間販売台数が8年連続の伸びを記録しました。

19

熱心な人を探す

どっぷりなファンを探す。そのためにお金を払うほどのファンなら、接している時間も圧倒的に長く、広告想起率も高いものです。柔術雑誌『Jiu-Jitsu』は、定期購読者ならすみずみまで読むでしょうが、たまたま手渡された人ならまず読まないでしょう。Huluでアニメ『サウスパーク』の視聴料を払っている人なら毎回きっちり観るでしょうが、そうでない人は通常のテレビ放送でも、1話も（つまり、その番組CMも）見ないかもしれません。

いまいる熱心なファンとつながる。人はなにかのチームの一員であることに誇りを持っています。スポーツチームのファンでも、がん啓発活動のサポーターでも、それは同じです。こういう人たちがチームのロゴ入りマグカップに通常のマグカップの3倍の料金を支払うのも、そのチームとのつながりを感じていたいからです。人気チームと提携することで、ブランド露出の最大化も可能です。

ファン層のプロフィールを作成する。どんなモノにも熱心なファン層がいます。とても気に入ってくれていて、頻繁に購入してくれ、ほかの人たちにも勧めてくれる人たちです。いまいるファン層に多く見られるデモグラフィクスや行動を特定し、ファン層のプロフィールを作成しましょう。そして、その人たちと行動や考えが似たほかの人たちをターゲットにするのです。

関連性があるものに熱心な人を探す。売り物に関連するものに熱心なオーディエンスを探しましょう。ドーナッツ店を経営しているなら、コーヒー党の人、朝刊を欠かさず読む人、地元の店をいつも応援している人を探すのです。

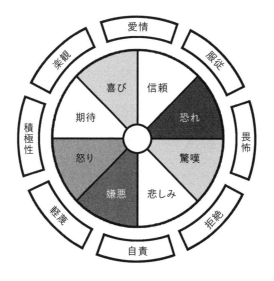

プルチック*2の感情の輪（の一部）

高価なモノほど、感情にアピールすべき

　ぜいたく品の価値はその優れた品質にある、と一般的に思われていますが、それ以上に、それによってもたらされる満足感にあるのです。高級ブランドは、誇り、喜び、達成感、上流意識、羨望などをその商品と結びつけることで、ブランドの知覚価値を高めているのです。感情へのアピールが巧みなブランドほど、製造コストと小売価格のあいだで大きなマージンを得ているものです。

22

個人情報を入手したければ、それなりの特典を提供する

　有益かつ正しい個人情報は、通常は顧客から直接得るものです。見返りになにか得られるなら、たいていの人は個人情報の一部を教えてくれるものです。割引券と引き換えにメールアドレスを記入する、Wi-Fiを1時間無料で利用するために30秒の動画を視聴する、ネット上の有料記事を読むためにアンケートに答える、など。

　とはいえ、プライバシーの犠牲はほぼ常に一方的なものです。個人情報を入手したければ、「ギブ（与える）」が得策。そうしないとゲット（入手）できません。

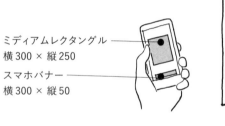

ミディアムレクタングル
横 300 × 縦 250

スマホバナー
横 300 × 縦 50

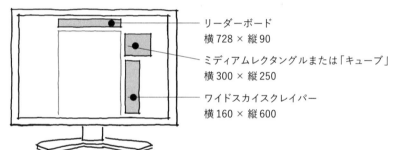

リーダーボード
横 728 × 縦 90

ミディアムレクタングルまたは「キューブ」
横 300 × 縦 250

ワイドスカイスクレイパー
横 160 × 縦 600

標準的オンライン広告のピクセルサイズ
（インタラクティブ・アドバタイジング・ビューロー[IAB] *3）

23

もっとも効果的な広告の判断は
デジタルオーディエンスに任せる

　印刷媒体の場合は、どれがもっとも効果がありそうかを広告のつくり手が判断していました。デジタル媒体の場合は、オーディエンスがその判断を手助けしてくれます。複数の広告、あるいは同じ広告のバリエーション違いをつくり、それぞれの広告のエンゲージメントとそこから得られた売上を追跡することで、どの広告がもっとも効果的かがリアルタイムでわかるのです。広告サイズ、配色、フォント（書体）、ビジュアル要素、文字の大きさ、オファー内容、行動喚起がそれぞれ異なる広告の効果をアルゴリズムで追跡でき、もっとも効果的な広告フォーマットの掲載頻度を上げるのに役立ちます。

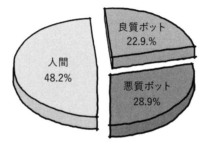

2016年のウェブトラフィック
（Imperva Incapsula ボットトラフィック・レポート）

ネット広告はターゲットの半数にリーチできれば御の字

　デモグラフィクスなどに基づいて慎重にターゲットしても、ネット広告の少なくとも半数がターゲットの目に触れていない理由は以下のとおりです。

ダウンロードできない／遅い　ネット広告が素早くきちんとダウンロードされないと、目に触れないうちによそへ行ってしまうかもしれません。それでも広告主は課金される場合があります。

コンシールメント　ブラウザの端のほうに表示される広告は、スリバー（スクロール可能エリア）は別として、完全に隠れてしまっている可能性があります。それでも閲覧カウントされる場合があります。

ピクセルスタッフィング　インチキな媒体社が広告をシングルピクセルに押し込んでいるかもしれません。小さすぎて見えるはずがないのに、閲覧カウントされてしまいます。

アドスタッキング　ほかの広告の上に重ねて配置される広告。下になった広告は目に触れないのに閲覧カウントされます。

ボットトラフィック　「良質」ボットは、検索エンジンを巡回してまともなコンテンツを集めます。「悪質」ボットは、人のブラウジング行動をまねるソフトウエアで、スクロールしたりリンクをクリックしたりして、ビューワー数を人為的にアップさせます。

アドブロッキング　インタラクティブ・アドバタイジング・ビューロー（IAB）は2016年に、デスクトップユーザの26%、モバイルユーザの15%が広告をブロックするソフトウエアを利用したと推定しています。

John Wanamaker

ジョン・ワナメイカーのサイン

「広告費の半分はムダだとわかっています。でも、どの
半分かがわからないのが厄介なのです」

—— 百貨店王、ジョン・ワナメイカー＊4

排尿コントロールは身だしなみ

ニューヨーク州キャッツビルで見かけた屋外看板

呼びかけるのは相手が厄介な状況にいるときだけ

　保釈保証業者の広告なら、法を犯して追及されているかどうか尋ねるのも当然です。金融会社や税理士の広告なら、借金の有無を尋ねるのもムリはありません。電話人生相談の広告なら、辛い思いをしていないか、虐待されていないか、麻薬や酒に依存していないかと、問いかけてかまわないでしょう。

　でも、ペイレスの広告が、予算が非常に限られている人向けの靴だと言ったり、クリスチャン・ルブタンの広告が、お金がふんだんにある人向けの靴だと言ったりするわけにはいきません。ナインウェストの広告で、ルブタンは買えないけどおしゃれな女性向けの靴、とは言えないのです。広告のビジュアル、色づかい、フォント、音楽、言い回しはもちろん、起用する俳優、モデル、スポークスマンなどでそれとなく示すことで、ターゲットに気づいてもらう必要があります。そうした言外のメッセージが適切なら、オーディエンスは自分向けだと気づくはずです。気づかない人は、そもそもターゲットではないのです。

ビーコンズ*5はGPSを利用してお買い得情報を送っている

買い物かごに入れてもらうまでが広告

購買時点広告 (POP: Point-of-purchase) や製品パッケージは、ほかのどの広告よりも消費者が身近に接しているものです。買うかどうかを決める「最後の仕上げ」として影響を及ぼします。ほかの広告媒体で確立しているブランドの雰囲気や見た目の再確認につながるものであるべきです。「ああ、あのブランド」とすぐにわかる一貫性があれば、安心感につながり、購入にもつながりやすくなります。

変調されていない電波

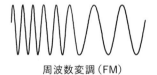

周波数変調（FM）

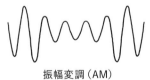

振幅変調（AM）

AMラジオは音がよくない理由

　電波は振幅（高さ）も周波数（小刻みに動く速さ）もさまざまです。AM放送は振幅の変化を利用して音声情報を送るのに対し、FM放送は周波数の変化を利用して送っています。こうした変化をAMやFMの受信機がそれぞれ音声に変換するわけです。ただし、送信機と受信機のあいだには、さまざまな環境要素（天候、地形による遮へい、建物、ほかの電波）が干渉しています。こうした要素によって、振幅は歪められますが、周波数はたいていそのままです。しかも、振幅は距離が長くなるにつれて低下していきますが、周波数は変わりません。このため、AM放送が元の音声信号をそのまま保つことはめったにないのに対し、FM放送は電波が安定して届く範囲であれば音質のほとんどかすべてを保っているのです。

　理想的な放送状況下でさえ、AM放送は音質が劣ります。FM信号の帯域は、人の可聴範囲ほぼ全域をカバーしています。AM信号の帯域はそれよりはるかに狭いため、話し声なら十分ですが、音楽の音域すべてをカバーするには足りないのです。

専業局
オンラインか衛星経由のみ

ストリーミング
地上波の AM／FM ラジオ放送が
ネット経由で聴ける

地上波
従来の電波塔ベースの
AM／FM ラジオ放送

CM が少ない   CM が多い

民放ラジオ／商業ラジオ放送

ラジオ CM の接触頻度には重複リスナーを活用する

フリークエンシー

　ひとつのラジオ局しか聴かない、という人はめったにいません。複数のラジオ局を聴いている人たちは、**重複リスナー**を構成しています。ラジオCMをたくさんの人に聴いてもらいたいなら、重複リスナーが少ない局に流すことで、さまざまな人に聴いてもらえます。目指すのはフリークエンシー（接触頻度）なら、多くのリスナーが重複している複数局に流すことで、同じ人たちになんども繰り返し聴いてもらえます。

	20:00	20:30	21:00	21:30	22:00	22:30	23:00	23:30
HLN	フォレンジックファイル（医療科学捜査ドラマ）	フォレンジックファイル	フォレンジックファイル	フォレンジックファイル	フォレンジックファイル	フォレンジックファイル	フォレンジックファイル	フォレンジックファイル
HGTV	ハウスハンターズ（物件探し番組）	ハウスハンターズ海外版	ハウスハンターズ	ハウスハンターズ海外版	フリップ・オア・フロップ（リフォーム番組）	フリップ・オア・フロップ	ハウスハンターズ	ハウスハンターズ海外版
abc	スキャンダル（政治ドラマ）	託された秘密	殺人を無罪にする方法（法廷ドラマ）		夜10時の7ニュース（報道番組）	ジミー・キンメル・ライブ！（トークショー）		ナイトライン（報道番組）

デンバー地域のプライムタイムのテレビ番組表

テレビ放送なら番組ごと、ケーブルテレビなら
ネットワークごとにCM出稿する

　米テレビネットワークのABC、CBS、NBC、FOXは、いずれもテレビ放送時代に設立されました。その目的や番組編成は当初からほとんど変わっていません。つまり、1日の時間帯によって異なる視聴者に向けたさまざまな番組を放送し、幅広いデモグラフィクスに到達することを目指しています。一方、ケーブルテレビネットワークは、特定の関心がある視聴者に向けられています。毎日同じような番組を放送し、ドラマのエピソードもなんども繰り返し放送します。

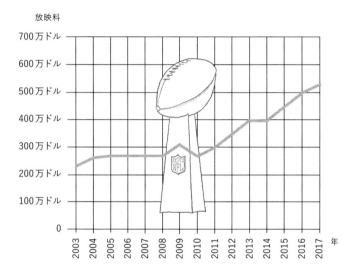

放映料

700万ドル	
600万ドル	
500万ドル	
400万ドル	
300万ドル	
200万ドル	
100万ドル	
0	

2003 2004 2005 2006 2007 2008 2009 2010 2011 2012 2013 2014 2015 2016 2017　年

スーパーボウルのネットワーク30秒CM枠の平均料金

31

スーパーボウル期間中はだれでもテレビCMがうてる

テレビCM枠は全米ネットワーク、または地方の「スポット」枠で購入します。全米ネットワークのスーパーボウルに広告を出せば、アメリカ中の視聴者にリーチしますが、何百万ドルもかかります。地方のスポット枠ならはるかに安上がりです。30秒スポットなら、テキサス州アマリーリョで400ドル、メイン州プレスクアイルで1800ドル、アラスカ州ジュノーで810ドルです。

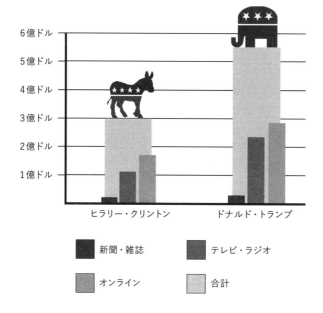

2016年に米大統領候補者が得たフリー媒体の総額

媒体が獲得^(アーン)できるなら買う必要なし

ペイドメディアは、媒体（メディア）を通じて人々に知らせる従来型の広告です。その広告を見聞きするオーディエンスの規模と、求められる広告スペースによって出稿料金が決まります。

アーンドメディアは、ニュース、社説や論説、ソーシャルメディアなどで取り上げられることです。取り上げられる側には費用が一切かかりません。

アーンドメディアは、取り上げてもらいたい当事者が配布するプレスリリースがもとになっている場合もあります。自動車メーカーによる新車発表、百貨店による新CEO就任発表、政治家の大統領選への立候補表明などもそうです。たいてい「純粋な」ニュースとして報道されます。

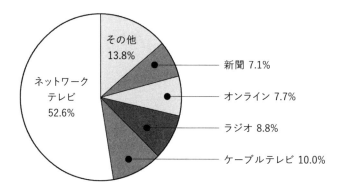

その他
13.8%

新聞 7.1%

オンライン 7.7%

ラジオ 8.8%

ケーブルテレビ 10.0%

ネットワーク
テレビ
52.6%

アメリカの政治家の媒体別広告費概算（2016年）

33

広告費が一番少なくて済むのは政治家

　アメリカの各放送局は、大統領選挙候補者に対し、予備選挙前の45日間と本選挙前の60日間はCM枠を最低料金で提供するよう、米連邦通信委員会（FCC）から命じられています。一方、政治行動委員会（PAC）はそこまで守られていません。各放送局は、広告収入が減った分の埋め合わせとして、通常レートの2〜3倍を請求してくることさえあります。

喫煙は命取り

公平原則

　1927年に米連邦無線委員会（FRC）が創立されたのは、ラジオ放送という新たな分野での政治対話を保護することが目的でした。当初の命令のひとつである1929年の宣言は、論争の一方を報道したら、もう一方から自分たちの意見も報道するよう求められた場合、応じなければならない、というものです。

　その後、FRCを引き継いだ連邦通信委員会（FCC）が1968年に、いわゆる「公平原則」を商業広告にも広げ、タバコのCMを流すテレビ・ラジオ局はすべて、喫煙の害についての公共広告も放送するよう義務づけました。

　この「公平原則」はその後数十年を経て廃止されましたが、大統領選に関しては、**等時間ルール**がいまも有効です。大統領候補者に放送枠を売るテレビ・ラジオ局は、対立候補者にも同様の放送時間を用意しなければなりません。

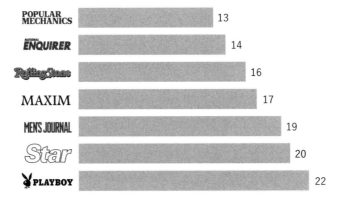

POPULAR MECHANICS	13
NATIONAL ENQUIRER	14
Rolling Stone	16
MAXIM	17
MEN'S JOURNAL	19
Star	20
PLAYBOY	22

タバコの広告掲載ページが多い雑誌
（2012年4〜9月、メディアレイダー）

連邦政府によるタバコ広告禁止で喫煙者が増加

　タバコの広告で新たな喫煙者が増えることはほとんどありません。喫煙者にブランドスイッチングを促すのが主な目的だからです。一方、反喫煙の公共広告は、非喫煙者に喫煙を思いとどませる、ライトスモーカーに禁煙を促す効果があるのがわかっています。

　テレビとラジオによるタバコ広告の放送が米連邦政府によって禁止された1971年1月2日の時点で、すでに減少傾向にあった喫煙者数は、さらに劇的に減ると期待されていました。ところが、タバコ広告禁止から2年以上たつと、喫煙者が増えていたのです。禁止したことで、公平原則に訴える根拠もなくなってしまったのが主な原因でした。タバコ広告の放送が許されていない以上、テレビ・ラジオ局は、反喫煙の公共広告を流すよう求められることもありません。こうして、反喫煙広告の放送義務づけによる効果が失われてしまったのです。

35

大切なことは、ひとつだけ
（映画『シティ・スリッカーズ』でジャック・パランスが演じたカーリーのセリフ）

優先事項はひとつだけ

　広告キャンペーンの目標はいくつかあってもかまいませんが、優先事項はひとつだけです。売上10%増、認知度30%アップ、選挙に勝つ、などなど。優先事項に「および」「そして」「と」などのことばがあれば、ほかのすべてに優先すべきことが明確になっていない証拠です。

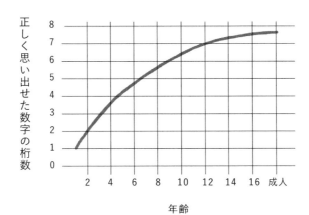

縦軸（上から下へ）：正しく思い出せた数字の桁数

8
7
6
5
4
3
2
1
0

2　4　6　8　10　12　14　16　成人

年齢

成人は７桁程度の数字なら思い出せる。

選択肢が多いほど決められなくなる

　シーナ・アイエンガーとマーク・レッパーがおこなったある画期的な研究です。ある食料品店に台を置き、24種類のジャムを並べました。ジャムを試食してくれた人には1ドルの割引券を渡しました。別の日には、ジャムを6種類だけ並べました。種類が少ない分、興味を示す人は減りましたが、売上は、24種類並べた日の10倍になったのです。

　多すぎる選択肢は購入を思いとどまらせる、と心理学の専門家は考えています。理由はいくつかあります。選ぶのに時間がかかることで不安になる、好みにぴったりの選択をしなければと思ってしまう、いつもより多くのアイテムを把握することが求められる。同じような理由から、飲食店のメニュー設計コンサルタントのグレッグ・ラップは、カテゴリーごとの選択肢を最大でも7品までにするよう勧めています。

ほとんどの人は値段が中ぐらいのものを選ぶ

　人はケチとは思われたくないけど、浪費もしたくないものです。不慣れな選択肢を目の前にしたとき、たいていの人は、値段が中ぐらいのものか、少なくとも、安いほうから2番目のものを選ぼうとします。このため、飲食店のメニューでは、2番目に安い料理と2番目に安いワインボトルの利益率を最大にしておくのが賢明なのです。

男って、なにかというとすぐ
業界用語を使うんだから

「アドスピーク」って
言うんだ

つまり
広告業界
用語の
業界用語
ってことね

心理的リアクタンス

　ある行動に対する興味は、関わる自由が制限されると高まる傾向があります。**心理的リアクタンス**に関するある研究（Lessne, 1987）によると、「1日限定」セールの広告のほうが、セール期間が長いか期間が明記されていない広告より購入につながりやすいことがわかっています。別の研究（Lessne and Notarantonio, 1988）では、ひとり4個まで、と数を制限したほうが、制限なしの場合より平均購入数が多いこともわかっています。リアクタンスが逆にはたらく場合もあります。あまりにもしつこい売り込みは、当初興味を持っていた人にまで、買うのはよそう、と思わせてしまうかもしれません。

　リアクタンスはほかにもさまざまな状況で起こります。あのホーム・ショッピング・ネットワーク（HSN）〔テレビショッピング番組〕の成功ぶりは、時間限定に対する反応で説明できそうです。なにしろ、視聴者が購入できるのはその商品の放送中だけなのですから。ある研究（Mazis, Settle, and Leslie, 1973）によると、リン酸塩を含む洗濯用合成洗剤に対する評価は、リン酸塩の使用が禁止されていたマイアミの住民のほうが、使用が認められているタンパの住民より高いことがわかっています。また、歌手のバーブラ・ストライサンド*6が2003年に、自宅の写真のネット公開を阻止してプライバシーを守ろうとしたことがありましたが、かえって注目を集める結果になってしまいました。こうした現象を、Techdirt（テックダート*7）のマイク・マズニックが「ストライサンド効果」と名づけています。

昔の農場をイメージしたブランド名とロゴ

熱望の対象は常に未来志向とはかぎらない

　熱望とは、ずっと抱いている強い欲望、あこがれ、念願のことです。暮らしがこんなふうで「あって」欲しいと願い、未来の自分を考えているわけです。ところが、人が望んでいる未来とは、むしろ過去に近い場合が少なくありません。幼少期の記憶にある、あるいは記憶しているつもりの、幸福感、安心感、シンプルさだったりするのです。ターゲットオーディエンスがどんな暮らしを望んでいるのか、過去と未来の両方から考えましょう。

フォアグラ $ 21.86
いつも安く提供

ローストダック $ 32.98
即売狙い

サルモネラ菌チキン $ 9.88
足が早いから叩き売り

価格設定で引きつける

$9.99や$9.95の価格表示　わたしたちは文字を左から右へと読むため、最初の数字を重視することが複数の研究でわかっています。実際、$9.99は$10より$9に近いと感じるのです。$9^{99}のように、ドルがセントより大きく表示されていればなおさらです。

ちょっと変わった価格表示　$2.08や$3.67といった価格表示は、ギリギリ最安値で売っていることを暗示させます。特別セールを意識的に避けているウォルマートがよく使う手法です。

価格帯表示　オンラインショッパー（ネット購入者）は、価格帯で検索することがあります。肘掛け椅子、$300〜$500あるいは$500〜$700など。その価格帯設定によっては、たとえば前者の場合、$500の椅子は検索結果に表示されないかもしれませんが、$499の椅子なら表示され、より多くの人の目に触れます。

メニューの価格表示　飲食店がよく「.95」で終わる価格表示をしているのは、「.99」では自尊心が許さないからかもしれません。セントなしのきりのいい表示（$10.00や$10）は、お勘定のとき硬貨がジャラジャラ音をたてないように、という配慮かも。ドルを表記せず、単に「フォアグラ　19」としているメニューは、利益優先の俗事を超えた優雅な体験をほのめかしているのかも。コーネル大学がおこなったある調査（Yang, Kimes, and Sessarego, 2009）によると、この最後のパターンで価格表示されたメニューは、記号（$）であれ文字（ドル）であれ、ドル表記されたメニューとくらべて、顧客の費やす金額が増えることがわかっています。

41

使い捨てしているものを再利用する

　アメリカでは、自然界で分解しない包装類が毎年2900万トン廃棄されています。カスタマイズした丈夫な袋や箱に投資することで、埋め立てゴミの削減、販売後の価値提供、再利用時の広告表示につながります。

　なにもティファニーのブルーボックスのような洗練さや差別化を求めた効果的な包装でなくてもいいのです。飲食店のロゴが入ったカップをつくり、そのカップ持参で飲み物のおかわり無料または割引、とすれば、再来店につながりますし、利用客の職場、車、自宅キッチンで店のロゴが目に入ることにもなります。梱包箱に印刷されたロゴは、輸送中のブランド露出を高めるのはもちろん、その後も、利用客が小包を送るときなどに再利用してくれれば、また露出するチャンスになります。環境へのインパクトを減らしつつ、こうした追加オプションがあることを、消費者はきちんと評価してくれるものです。

はい、口臭
予防ミントを
あげる。

ありがと。その顔
突っ込んどく
紙袋をあげる。

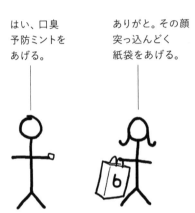

お返ししなくては、と思わせる

　スーパーで試食用ドーナツをつまむと、ちょっと買ってみるか、という気になりやすいものです。おひとついかがですか、と手渡されたら、購入する可能性はさらに高まります。**お返しの本能（返報性）**に訴えるからです。なにかしてくれる人とのやりとりが直だったり心の通ったものだったりすればするほど、人は本能的に、同じように返そうとするのです。

　『Journal of Applied Social Psychology（応用社会心理学ジャーナル）』に掲載されたある研究（Strohmetz, 2002）が、客に勘定を持っていく際にミントを添えることで、ウェイターへのチップの額がどう変わるかを調べています。1つ目のグループは、ウェイターが黙ってミントを置いていったところ、対照グループとくらべてチップが3%アップしました。2つ目のグループは、ミントをどうぞ、と言って置いていったところ、チップが14%アップ。3つ目のグループは、勘定に添えてミントを置いていき、あとでもう一度ミントを持っていって、よかったらもっといかがですか、と言ったところ、チップが21%アップしたのです。

　この調査をおこなった研究グループは、パーソナライズすることがカギだと結論づけています。客は、3つ目のグループによるフォローアップを、購買後の声かけ、つまり、心からの気づかいの表れととったのです。

43

ウェンディーズの創業者でCEOのデイブ・トーマスが登場した
テレビCMは800本を超え、どの創業者よりも多かった。

1%の人を広告モデルにするのは危険

　社会的、経済的に影響力のある著名人がブランドの認知アップにつながりうるのは、その人たちのライフスタイルのなんらかの点に多くの消費者が興味を覚えている場合です。俳優、モデル、音楽など、その著名人の仕事に対する興味でもかまいません。反対に、消費者にとって明らかに興味がない著名人は、憤りにつながりかねません。特に危険なのは、CEOを広告に出すことです。消費者との共通点は、その企業のブランドそのものでしかないのです。よほど気さくで好感を持たれるタイプのCEOでないかぎり、広告に登場させると、客から金を巻き上げるような印象を与えかねません。

Dove「リアルビューティー」キャンペーンより

Dove の「リアルビューティー」キャンペーン

　Dove（ダヴ）は、ソープ、デオドラント、シャンプーなど、ビューティープロダクツのブランドです。同ブランドは2013年、女性は自分で思っているよりも美しい、というコンセプトの広告キャンペーンを開始しました。

　動画ベースのこのキャンペーンは、女性たちが自分の顔の特徴を説明し、それをカーテンの向こうにいる絵描きが聞きながら似顔絵を描いていきます。その後、同じ女性たちの顔の特徴を、今度は別の人が説明するのを聞いて似顔絵を描いていきます。こうして、どの女性も2種類の自分の似顔絵を見せられます。自分の説明に基づいて描かれたほうは、しわが刻まれ、くたびれた顔なのに対し、別の人の説明に基づいて描かれたほうは、イキイキとした美しい顔でした。

　この動画は12日間で5000万を超す人々に視聴され、当時もっともバイラルした動画広告となりました。ソープなど製品にはひとことも触れていません。

45

CMのあと、
続きます。

従来型広告
番組とCMを
明確に区別

プロダクトプレースメント
番組中に自然な形で
見せて宣伝

ネイティブ広告
記事に似せて
掲載

記事広告

　ネイティブ広告は、総合誌や、ニュース主体のウェブサイトなどに、記事の体裁で掲載されるものです。報道記事、論説、製品レポートなど、編集サイドのコンテンツのように見せるわけです。熱心な売り込みメッセージではなく、ちょっとしたヒント、助言、ベストプラクティス、専門知識などを提供します。

　記事広告は、DIY関連のウェブサイトを見る人や、スーパーのチラシをチェックするような人には喜んで読んでもらえるかもしれません。ただし、場合によっては、広告主の意図に混乱させられたり、だまされたと感じたりするかもしれません。

アメリカで標準的な屋外看板
（約4×15m）

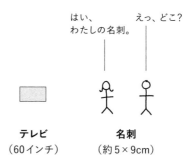

テレビ
（60インチ）

はい、
わたしの名刺。

えっ、どこ？

名刺
（約5×9cm）

屋外看板は大きいなりに、
名刺は小さいなりに、活用する

　広告媒体が異なれば、その広告主もオーディエンスも当然異なってきます。つまり、媒体ごとに異なるアプローチが必要なのです。屋外看板は、サイズは巨大ですが、見てもらえるのは一瞬でしかありません。たとえ長文を読む時間があったとしても、この媒体の宿命である解像度の粗さではとても読めないでしょう。オンラインの動画広告は、一見テレビCMに似ていますが、デスクトップ、タブレット、スマホなどで、テレビよりもずっと近い距離で視聴されます。しかも、「スキップ」可能であれば、冒頭のわずか数秒しか見てもらえないかもしれません。名刺は小さいし、渡したときにはほとんど見てもらえないかもしれませんが、じかに触れてもらえますし、あとでじっくり見てもらえるかもしれません。

47

FEDERAL TRADE COMMISSION
PROTECTING AMERICA'S CONSUMERS

連邦取引委員会
アメリカの消費者を守ります

事実を演出するのはかまわないが、ウソはいけない

　おむつ、デオドラント、パイプクリーナーなどは、実際の使用場面を見せると不快感を与えてしまうかもしれません。気分を悪くさせることなく製品の使用シーンを見せるのがムリなら、演出すればいいのです。そうしないとデリカシーに欠ける場合は、シミュレーションしたからといってだれも非難したりしません。よい面を強調し、そうでない面を控えめに伝えることが道義に反するのは、故意にゆがめて伝えたり、あきらかなウソだったりする場合だけです。

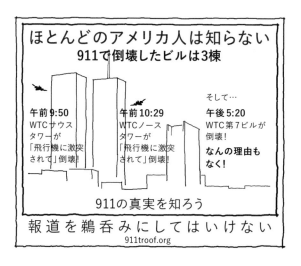

48

911に関するプロパガンダ

プロパガンダの重要要素は事実にある

　プロパガンダによって広められる意見や問題点は、おおむね政治的なものです。偏見、欺き、誇張に偏ったそのやり方は混乱を引き起こしますが、核となる戦術は、かなり正確な事実の活用にあります。事実を入念にキュレート〔選択したうえで再編成〕したり、文脈から切り離して示したりするため、だまされやすい人は、事実に付随したゆがめられた話やウソまでも、事実だと信じてしまうのです。

　正当な説得は、ある立場のほうが本質的に価値がある、と示すことで考えを変えさせようとします。ある問題のさまざまな局面を完全かつ公平に提示したうえで、あらゆる点を考慮すると、こちらの立場のほうが好ましい理由を示すよう努めます。プロパガンダには、考えを変えさせるというよりも、今あるいろいろな意見を暴露したり強調したりする傾向が見られます。

「プロパガンダはすべて（…）その対象者のなかで知的レベルがもっとも低い者が理解できるよう整えなければならない。（…）大衆は、外交官でも教授でも法律の専門家でもなければ、与えられた立場でまともな判断ができる一個人でもない。あれこれと迷ってばかりで決められない幼い人間の群れなのだ。（…）国民の大多数は（…）冷静に考えることができず、感情に左右されている」

—— アドルフ・ヒトラー、『わが闘争』

50

TM Ⓡ SM

コピーライト（著作権）

文芸、美術、音楽などの作品が、著作者の存命中および死後70〜120年間保護される。企業のロゴやマスコット（キャラクター）、それに類するIDはコピーライトの対象にならない。

トレードマーク（登録商標）

米国特許商標庁への登録（Ⓡ）で、製品やサービスのソースを特定するスローガン、曲、ロゴ、画像が保護される。未登録の場合は、TM（トレードマーク）や SM（サービスマーク）で表示される。

知的財産

　既存の画像、音楽、キャラクター、コピーを広告に使いたくても、コピーライトやトレードマークで保護されているかもしれません。保護されている知的財産の再使用に関する許可や使用料は、いつ、どこで、どのように、どんな頻度で使用されるかによります。買い取れば無制限に使用できますが、そうでなければ、使用許可と使用料は毎回交渉して取り決めます。ある写真をポートランドの新聞広告3パターンに使用する許可を得ているからといって、同じ写真をシアトルで雑誌広告に使うことはできません。ラジオの60秒スポットCMで使っている曲を、新たに契約せずに30秒スポットに使うことはできないのです。

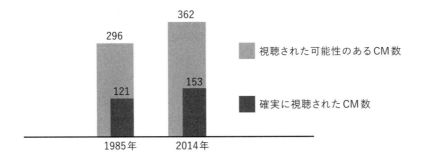

51

296

362

視聴された可能性のあるCM数

121

153

確実に視聴されたCM数

1985年　　　2014年

米国人ひとり当たりの1日のテレビCM露出数
（メディアダイナミクス社）

ウェアアウト

　どんなCMもいずれ効果が薄れてきます。見飽きられたCMをいつまでも流し続けていると、消費者をイラっとさせたり腹立たしくさせたりするかもしれません。最大効果に達すると、急激に飽きが始まるのです。飽きてしまったオーディエンスを取り戻すことができません。限度を越えたらそれで終わりなのです。

　ウェアアウト（飽き）は、**広告のフリークエンシー（接触頻度）**、**エクスポージャー（露出）**、**時間**と、一種の相関関係にあります。同じ視聴者相手に繰り返し流すCMは、4週間でウェアアウトする（飽きられてしまう）かもしれません。一方、同じCMでも、適度なフリークエンシーで年に1週間だけ流すことで、効果が何十年も持続する場合もあるのです。キャドバリーの卵型チョコレート「クリームエッグ」のテレビCMには30年以上変わっていないものもありますが、イースターの前にだけ流すことで、オーディエンスの郷愁を売上にうまくつなげています。

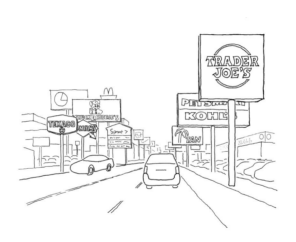

52

広告混戦地帯を避ける

　同業他社の広告混戦地帯から抜け出てメッセージを伝えるには、ちょっと意外だけど理にかなったところに掲載すればいいのです。ある都市の観光課が、旅行関連サイトや『コンデナスト・トラベラー』誌に広告を出したところで、ライバルの観光都市のたくさんの広告に埋もれてしまうかもしれません。料理と音楽で知られている都市なら、FoodNetwork.comや『ローリング・ストーン』誌のほうが広告媒体として効果的かもしれないのです。

53

コンバースのある広告イメージ

購入動機を変える

　ブランドや製品の新鮮味がなくなり、売上が伸び悩んでいるときは、違う形で消費者ニーズに応える方法を模索します。自動車の価格情報を出版していたケリー・ブルー・ブックは、リアルタイムのデジタル情報提供サービス（ATC: For All Things Cars）へ方向転換しました。シアーズは、各種工具や芝刈り機などで長年頼りにされてきましたが、よりソフトな面を強調するようになったことで知られています。女性向け商品を取り揃えていることの宣伝、購入決定のほとんどは女性が左右していることの認識も、そうした一環です。コンバースはスポーツシューズ「チャックテイラー」の人気が、より先端技術を取り入れた他社シューズに取って代わられたことを認識すると、ファッションシューズとしてポジショニングし直しています。

54

愛撫したくなる肌

ヘレン・ランズダウン・リザー*8による1911年のウッドベリー石鹸の広告キャンペーンは、
セクシーさをうまく利用した最初の広告といわれている。

セクシーな広告はセクシーなものを売り込むときだけ

　セクシーなイメージをパソコンや芝刈り機といった実用品の広告に用いれば、その企みが見抜かれるのはほぼ確実です。気に入ってもらおうとする見え見えの魂胆にたちまち気づかれて、反発の心理的リアクタンス（Brehm, 1966）が起こるでしょう。

55

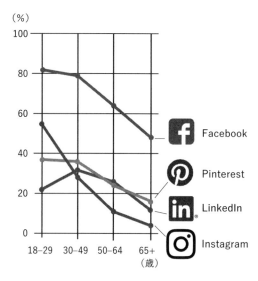

主要ソーシャルメディア利用者の年齢層別ネットユーザ比率
（2015年、ピューリサーチセンター）

若いオーディエンスにアプローチするなら、相手がいる場へ

　2000年に入った頃、オールドスパイスといえば年配向けの古くさいブランドイメージでした。そこで、広告代理店ワイデン＋ケネディ（W+K）が依頼されたのが、もっと若い層にアピールする広告戦略です。こうして2010年に開始したテレビCM「Smell Like a Man, Man（男らしい匂いをさせようぜ）」は、元アメフト選手で俳優のイザイア・ムスタファを「オールドスパイス・ガイ」として起用し、男らしさをお茶目にアピールするものでした。W+Kは、同CMに対する好意的な評価をFacebookやTwitterから選び抜き、動画レスポンスキャンペーンを展開しました。わずか数日で、イザイア・ムスタファがファンからのコメントに直接答えている動画を186本投稿したのです。

　Twitterのフォロワー数、Facebookのファン数、オールドスパイスのYouTubeチャンネルの登録数が急増したのも、こうした動画が、オンラインのインタラクティブ広告キャンペーンとしてかつてない話題となったからです。2010年末には、オールドスパイスは男性向けボディウォッシュで全米トップの売れ行きになりました。

56

英国政府商務局（OGC）〔2011年に閉鎖〕が2008年に発表したロゴが撤回されたのは、
タテにすると、勃起している男性の姿に見えるとわかったため。

中学生にからかわれそうなところがないか、徹底的に確認する

コピーを書くのは赤ん坊の名前を考えるのに似ています。賢い親なら、候補の名前をひとつひとつ、からかわれるおそれがないか検討します。広告キャンペーンを開始する前に、できるだけいろんな人たちと（そのキャンペーンに関係がない人も含めて）ブレストしましょう。タグライン、コピー、製品名、コマーシャル、ロゴを、ひねってみたり、ゆがめてみたり、もじってみたりして、さまざまな観点から検討するのです。単語やシラブル（音節）や文字を入れ替えてみる、フォント（書体）を変えてみる、意地悪で卑猥でまずいことこのうえないミームをブレストしてみる、あえて間違った読み方をしてみる、考えもしなかった韻を踏んでみる、性的な見方をしてみるのもひとつです。

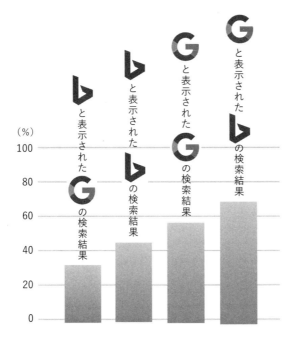

（%）

57

100

80

60

40

20

0

Ｇと表示されたＢの検索結果

Ｂと表示されたＧの検索結果

Ｇと表示されたＢの検索結果

Ｂと表示されたＧの検索結果

検索結果を信頼すると回答した人の割合

調査目的は確認ではなく、発見すること

　確証バイアスとは、自説を裏づける根拠には注目したり都合よく解釈したりし、そうでないものは無視、軽視、歪曲する傾向のことです。

　2013年にサーベイモンキーがおこなったある調査で、検索エンジンのユーザに確証バイアスが見られることがわかりました。Google（グーグル）と Bing（ビング）〔現 Microsoft Bing〕の検索結果を、検索エンジン名を表示してあるグループに見せたところ、大多数が、Google と表示された検索結果のほうを信頼すると回答。次に、検索エンジン名を入れ替えて表示した検索結果を別のグループに見せたところ、やはり大多数が、実際には Bing の検索結果なのに、Google と表示された検索結果のほうを信頼する、と回答しました。この結果は、Google のブランドアイデンティティがそれだけ強いからであり、参加者がこの調査前から抱いていた検索エンジンに対する好みの確認につながったわけです。

58

0 1 0 0 0 1 0 1　 0 1　　0 1 0
1 0 0 1 1 1　 0 1 0 0 1 1 1 1
0 1 1　 1 0 0 1 0　 1 0 1 0 0
0 0 1 0 0 0 1 0 1 0 0 1 0 1 1
1 0 0 1 1 1 0 0 1 1 1　 0 1 0
1 1 0 0 1　 0 1 1　 1 0 0 1 0
0 0 0 1 0 0 0 1 0 1 0 0 0 1 0
0 1 0 0 1 1 1 0 0 1 1 1　 0 1
0 1 0 1 1　 1 0 0 1 0 1 0 1 0

データ化
情報をなんらかの形で
体系的に記録

デジタル化
コンピュータが扱えるように
情報をバイナリー形式で記録

データ

ファーストパーティデータ　企業が顧客から直接収集するデータ。店で買い物する際に住所を伝える、Googleで検索する、Facebookに投稿するなど、自発的な場合もあれば、閲覧活動をモニターする目的でウェブサイトがパソコンに設定するトラッキングクッキーを通じて、知らずに提供している場合もあります。

セカンドパーティデータ　ある企業がほかの企業から購入や相互取り決めで入手する消費者データ。高級車メーカーが高級腕時計メーカーの購入者データを購入したり、それぞれの購入者データを共有することに両社が合意する場合など。

サードパーティデータ　広告主がデータアグリゲータから購入する消費者データ。データアグリゲータは、特定の人物や特定のIPアドレスユーザの習慣や好みなどから全体像をつくり上げるために、さまざまなソースからデータを集めている事業者です。広告主はこうしたデータを利用し、今後の広告活動における特定オーディエンスをターゲットにするわけです。

59

ランダムであるほど、より正確になる

　データはランダム（無作為）に収集するほど、より正確なものになります。無作為といっても適当におこなうのではなく、系統立ったデータ収集が必要です。世論調査をスーパーマーケットでおこなうなら、たとえば、店から出てきた10人目ごとに質問する、と決めておこなうほうが、「無作為」につかまえて質問するよりも無作為性が上がり、データの精度も上がります。無作為につかまえるやり方だと、話しかけやすそうな相手ばかりにどうしても偏ってしまうからです。

　とはいえ、どれほど注意を払って収集したデータでも、完全な無作為ではありません。スーパーマーケットの買い物客から収集したデータなら、その店のブランド、立地、直売市や生協ではなくスーパーである点、調査を実施する曜日や時間帯などによって、偏りがあるかもしれません。オンライン調査にも偏りがあります。オンライン回答者には、リンクをクリックする傾向があるからです。YouTubeの高評価、低評価ボタンも正確とは言えません。自分で検索する動画は、そもそも好む傾向があるからです。

60

もっとデータがあるの?
それとも、それひとつだけ?

「Data」は単数扱いでいい

　英語の名詞はほとんどが**可算名詞**ですから、単数形と複数形があります。「レノーアはone bicycle（自転車1台）と three dollars（3ドル）を持っていて、many friends（友だちも大勢）いる」といった具合です。**不可算名詞**が複数形になることはありません。luggage（荷物）、transportation（輸送機関）、health（健康）などがそうです。**集合名詞**もやはり、あるグループをひとつの実体として扱います。class（学級）、flock（群れ）、audience（視聴者）などがそうです。ただし、そのグループ全体を指すのか、グループの個々のメンバーを指すのかによって、集合名詞は単数扱いにも複数扱いにもなります。「The jury is sequestered（陪審［団］は隔離されている）」「The jury are divided in their opinions（陪審員たち［各メンバー］のあいだで意見が分かれている）」。

　「data」は、ひとつの情報を意味する「datum」の複数形です。可算名詞に思われるため、「The data are reliable（そのデータは信頼できる）」といった使い方をする人もいるかもしれませんが、日常使う上で、「data」と「datum」の単複関係はないも同然です。「datum」は測量時の基準点を指すのに使われる場合がほとんどです。したがって「data」は不可算名詞として扱います。

61

喉頭炎（ノースダコタ州）

インフルエンザ
（ワイオミング州、ウエストバージニア州）

さかむけ（メイン州）

腹痛（ネブラスカ州）

腰痛（ペンシルベニア州）

離婚（オクラホマ州）

疱疹（ミシシッピ州）

全検索ワードに対する特定の検索ワード比率がもっとも高いのはどの州？
（Googleトレンド　2016年）

ビッグデータについての2つの見解

ビッグデータは専門知識に勝る。デジタル時代以前の専門家は、自らの経験、思考力、直観力を頼りに、人の行動を説明していました。こうした専門知識は、ビッグデータによって不要となっています。たとえばウォルマートは、ビッグデータのおかげで、天気が悪いときは「ポップターツ」〔ケロッグの甘いお菓子で、朝食として人気〕のストロベリー味がよく売れると知っていますし、Google検索の地域による偏りを利用して、病患が起こりやすい場所を特定することも可能です。いずれも、専門家には予想もできなかったことです。このデジタル時代においては、専門家がデータを上回ることはありませんから、データを読み解くのが仕事となります。

直観力はビッグデータに勝る。データからわかるのは、これまでの人物像であり、今後ありうる人物像ではありません。真のイノベーションは、人が駆られる強い衝動から起こるのであって、データを読み解いても起こりません。Appleやテスラといった革新性の高い企業はマーケットリサーチ（市場調査）をほとんど、あるいはまったくおこなっていません。真の天才は、推論ではなく直観によって進むべき道を知るからです。

62

ヘンリー・フォード

「欲しいものを尋ねていたら、もっと速い馬とだれもが
答えていたはずです」

——ヘンリー・フォード＊9

63

ぶらぶらするのも仕事のうち

　広告を学びに来る人たちは、その能力も強みも弱みもさまざまです。論理的思考や直線的思考をするタイプの人にとって、遠回りなやり方で問題解決に取り組むタイプの人が時間のムダに思え、理解できないかもしれません。では、あなたがデイブ＆バスターズ*10の広告キャンペーンを任されたとしたら、ウェブ検索やデータ分析で必要な情報を集めますか？　デイブ＆バスターズへ行ってぶらぶらしてみる価値はないのでしょうか？　さらに、比較するために、バッファロー・ワイルド・ウィングス*11や地元のゲームセンターへ行ってみてはどうでしょう。

ひとりで創造性を発揮してもうまくいかない

　よいアイデアは、アイデアだけ切り離した状態では意味がありません。現実世界でターゲットにうまく伝わって初めて、よいアイデアとなるのです。アイデア出しの時点で人との関わりがなければ、出てきたアイデアに引きつけられるのはあなただけ、ということになるでしょう。

　アイデア出しで煮詰まっているときは、ほかの人たちといっしょに考えることで抜け出せるはずです。ほかの人たちから具体的なアイデアは出なくても、思いもよらなかった別の方向性を示してくれるかもしれません。提案された内容に反対なら、別のアイデアを出してやろうという気になるかもしれません。自分のほうがよく知っていることを示したいだけの理由でもかまわないのです。

65

ひとつのアイデアにいつまでもこだわる必要はない

　アイデアを否定されると、わかってもらえないと感じることがあります。独創的すぎて理解してもらえない、しょせん天才は大衆に疎ましがられる存在なのだ、と思うかもしれません。うまくいくはずない、と言われたアイデアにこだわるあまり、ほかのアイデアを考えてみようともしなくなるかもしれません。

　でも、あなたのすばらしいアイデアを否定した人たちの取り違えだったとしても、あなたがそこから先へ進めなくなるのはおかしな話です。真のクリエイターなら、すばらしいアイデアをいくらでも思いつけるはずです。ひとつのアイデアにいつまでもこだわっていると、ほかのアイデアが出てこなくなります。

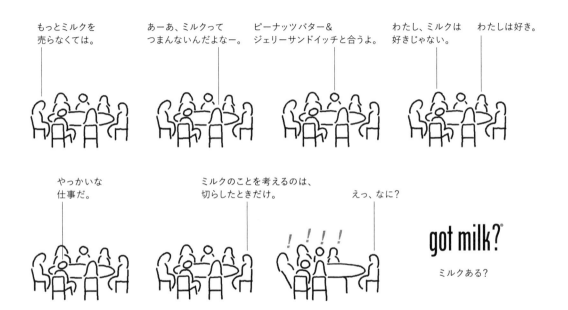

66

グッドバイ・シルバースタイン＆パートナーズ（GSP）による
カリフォルニア州ミルクプロセッサー協会の広告キャンペーンの会議イメージ（1993年）

インサイトについてのインサイト

　インサイトは、単なる私見でも創案でもありません。ぱっとひらめくことでも、足りない要素を指摘することでもありません。ある状況の本質を認識していることなのです。

　インサイトを追求する過程で、うんざりしたり、がっかりしたりするかもしれません。調査、ブレスト、フォーカス、再フォーカス、シフト、再シフト、仮説と検証をいろいろ繰り返してみて、それでもうまく認識できずあきらめることも少なくありません。でも、いったんあきらめて、置かれた状況を初心に返って眺めてみることで、まったく新たな視点が開けてくることもあります。

　こうして、ついに得られたインサイトは、一般的かつ具体的なものであるはずです。人間のある真理や文化的尺度における知識が明らかになり、さらに、広告対象の製品やカテゴリーと具体的につながっていきます。そうしたインサイトには、驚き、インスピレーション、明快さがあります。それまで考えたこともなかったのに、初めからずっと知っていた、そんな感じがするものなのです。

67

ウソ偽りのない真実

　気の利いたタグラインやコピーを書こうとする前に、そのブランドの実際のところをしっかり認識する必要があります。ブランドや顧客はもちろん、そのブランドに対する世間の見方やあなた自身の見方を表す、フィルターのかかっていないズバリ真実として、どんなことを思いつけるでしょうか。

　ウソ偽りのない真実は、そのブランドの支持者かそうでないかが明確に分かれる、ごく短いステートメントであり、たいてい「ただし」といったほかのことばを伴います。購入しそうな人の心の中のつぶやき、とも言えるでしょう。例をあげましょう。

BMW　ほかの車のドライバーをむかつかせるけど、そもそもそういうタイプの車だし。
クレスト　コルゲートとどっちがいいのか知らないけど、いつも使っているし、歯が抜けたこともないし。
スマートフード〔味つきポップコーンのブランド〕　スマート、じゃないだろ……そうなの？　健康にいいとか？　まあ、うまいけど。

　ウソ偽りのない真実は、ひとつのブランドに対していくつか思いつくかもしれません。いずれにしても、それがタグラインやコピーになることはありません。ただし、そのブランドの実際のところを中心にした広告の企画や、大事なことの伝え漏れ防止に役立つはずです。

68

全米でもっとも刺激的な銀行

タグラインで真実をすべて伝える必要はないが、信用できる真実をひとつは伝える

　　アピールを裏づける根拠を示す。 カスタマーサービスがすばやく対応、とうたっても、信じてもらえる根拠はなにもありません。「1時間以内に対応いたします」と言えば、信じたり確かめたりできる根拠を示すことになります。

　　最上級表現ではなく、「違い」をアピールする。 最先端の製品、最高の誠意、最高の品質、といった最上級表現は、信じてもらえるどころか、かえって怪しまれます。いかに優れているかではなく、いかに違うかをアピールしたほうが、興味を引くうえで効果的な場合もあります。

　　常識で考えて反対の主張がありえないことをわざわざ主張しない。「当社最高品質のガソリン」とうたっているBPの広告があります。でも、「当社の新ガソリンは以前のものより品質が劣っています」と宣伝する企業などありませんから、消費者にはまったく意味のないアピールなわけです。

　　自慢したいという理由でアピールしない。 農業地帯の一地方銀行は、顧客は銀行に刺激を求めている、などと本気で考えているのでしょうか。全米が対象であるとほのめかすことで得るものがあるのでしょうか。

69

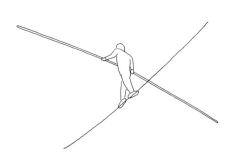

正直であることは、リスクに感じて当然

　こうあるべき、という考えに基づいて広告をつくったり、うまくいっているブランドの広告をまねたりしていては、広告の山に埋もれてしまいます。ほかとは違う広告だと気づいて欲しいなら、人と同じことをしていてはダメです。そのためには、新たな気持ちでとりかかり、あえて素人でいる必要があります。そうして初めて、オーディエンスはどういう人たちなのか、その人たちのニーズはなんなのか、その人たちにどうやってメッセージを届けるのかが、心から理解できるようになるはずです。目の前の課題をもっとも誠実なやり方で解明すれば、最適かつ独創的な解決策に行き着くでしょう。

70

ジョン・C・ジェイ

「マーケティングうんぬんはいいから、真実を語ろう」

—— ジョン・C・ジェイ *12、ドキュメンタリー『Briefly』

71

おい、「ディペンダビリティ」
なんてチェックリストに
ないよな。

ああ、「マンスケイピング」も
どこにも載ってないと思う。
さあ、ブレストランへ行こうぜ。

「ブレストラン」はビキニ・スポーツバー＆グリルの登録商標
〔露出度の高い服装のウェイトレスが接客するレストラン〕

ふだん使っていることばも広告由来

　以下のように言えるのも広告のおかげなのです。

　フリスビーの**ショッポチュニティ**の**サーキュラー**を**クレヨラ**で描き、**ゼロックス**したものをエレベータのドアに貼ります。エレベータの**ディペンダビリティ**が疑わしいようなら、**エスカレータ**を利用して**フラミリー**とのランチに出かけます。ランチでは**アンコーラ**の**ドリンカビリティ**が比べられます。でも、出かける前に**ジッパー**を下ろして、ちょっと**マンスケイピング**しておくといいかもしれません。ヘマをしてしまったら、**クリネックス、バンドエイド、アスピリン**で対処しましょう。

フリスビー（商標）：フライングディスク

ショッポチュニティ（ショップ＋オポチュニティ）：購入の絶好のチャンス

サーキュラー：ちらし、案内

クレヨラ（商標）：クレヨン

ゼロックス（商標）：コピー

ディペンダビリティ：信頼性

エスカレータ（元商標）：自動階段

フラミリー（フレンド＋ファミリー）：家族同様のつき合いの親友

アンコーラ（コーラじゃない、という意味）：セブンナップの別称

ドリンカビリティ：飲み飽きなさ

ジッパー（元商標）：ファスナー

マンスケイピング（マン＋ランドスケイピング）：男性の脱毛

クリネックス（商標）：ティッシュ

バンドエイド（商標）：絆創膏

アスピリン（元商標）：鎮痛解熱剤

72

JUST DO IT.

新しい言い回しを取り入れる

　ナイキのあの有名なスローガンは、広告代理店ワイデン＋ケネディ（W+K）が1988年に生んだものですが、着想を得た「Let's do it（さあ、やろうぜ）」は、殺人犯ゲイリー・ギルモアが1977年に死刑執行される際、最後に言ったことばでした。とはいえ、このスローガンが長く愛されているのは、セックスすることの婉曲表現である「do it（やる）」に近いせいかもしれません。1988年当時、この表現は今以上にきわどかったとはいえ、よく知られていました。それをW+Kがナイキブランドに取り入れたのです。「Just Do It.」の「Just」で、すぐやる、というアスリートギアにふさわしい感性をブランドと結びつけ、最後のピリオドで、アスリートを目指す人やファンへの積極的な号令として、このスローガンを言い切っています。長く使われているスローガンですが、この間、ナイキがセックスをもろに連想させるものを広告に使ったことはありません。

73

昔から言われていることは、いまも有効

広告を見た人に、自分もこうありたいと思わせる。広告で表現する世界やライフスタイルは、それを見た人が、楽しんだり、友人から注目されたり、問題解決したりしている場面を想像できるようにします。

振り返るのではなく、先を見る。これがあれば今後の役に立つ、とはっきり示します。

プラス面を売り込む。問題を指摘するのはかまいませんが、こうすればその問題を克服できる、というワクワク感を必ず伝えます。

若年層向けの車を中高年層には売り込めても、その逆はムリ。ほとんどの人は実年齢より若いと思いこんでいますから、広告もその後押しをすべきです。

いまいちな売り物にとって、優れた広告は最悪。売り物よりも宣伝活動のほうが優れていると、悪評を広めてしまうことになります。

子犬と子どもはほぼすべてに効果的。ありきたりながら、効果があるのも事実です。

This is
not your
father's
Oldsmobile.

親父さんのオールズモビルとは違います。

アメリカ最古の自動車メーカーの
廃業につながった広告キャンペーン

　ランサム・E・オールズが1897年に設立したオールズモビルは、その独特の個性と堅実な業績を20世紀の大半を通じて謳歌していましたが、1985年の販売台数110万台をピークに急速な人気低迷に直面します。原因は、古臭いラインアップ、デモグラフィクスの変化、海外メーカーとの競争などでした。

　1988年、オールズモビルは、ある広告キャンペーンで自社のイメージを変えようとしましたが、「親父さんのオールズモビルとは違います」では、共感は得られませんでした。このキャンペーンの失敗要因として指摘されたのは、オールズモビルがどういう車かではなく、どういう車ではないかをアピールしている点、これからのことではなく、過去を振り返っている点でした。このキャンペーンで、どっちつかずのブランドになってしまったのです。既存顧客には時代遅れだと言い、若年層には中高年向けの車を買うなと言っているのですから。新たな顧客層を引きつけることなく、既存の顧客層まで離れていってしまいました。

　この失敗タグラインは、1990年に変更されましたが、「真新しいオールズモビル誕生」という、面白くもなんともないコピーもまた、共感を呼ぶことはできませんでした。2000年には販売台数が80年代なかばのピーク時の25％となり、親会社ゼネラルモーターズはオールズモビルのブランド廃止を決定。2004年で製造を終了しました。

75

ケロッグのライスクリスピーのキャラクターは、スナップ、クラックル、ポップの３人

3つひと組は広告の強い味方

　3つひと組で提示されるアイデアや表現は、愉快で、面白くて、覚えやすいものです。「生命、自由、幸福の追求」〔アメリカ独立宣言の一節〕、『Planes, Trains and Automobiles（飛行機、列車、自動車）』〔映画『大災難P.T.A.』の原題〕、「来た、見た、勝った」〔カエサルのことば〕など。

　3は、ある種のパターンやリズムを生む最小の数字です。いま4つあるものは1つ減らす、2つだけならあと1つ増やすことを検討しましょう。

Think different.

eat fresh.™

Apple、サブウェイ、ガンド〔ぬいぐるみなどベビー用玩具〕の各スローガン／タグライン

ちゃんと伝わるように書く

　スローガンやタグラインは文法的に正しい必要はありません。ただし、短くて覚えやすいものであるべきです。

S-E-N-S-A-Y-...

センセーショナルスペリング

センセーショナルスペリングは、注目してもらうためにあえて間違ったスペルにすること。フリッカー（Flickr）やクリスピー・クリーム（Krispy Kreme）もそうです。普通のスペルと比べて記憶に残りやすい、ドメイン名として登録されやすい場合もあります。

センセーショナルスペリングが商標として登録されやすいのは、普通のスペルのことばを商標登録として認めてしまうと、ふだん使えることばが限られてしまうからです。ケーブルテレビ局サイファイが2009年に表記をSci-FiからSyFyに変えたのも、このためです。フルーツループ（Froot Loops）というセンセーショナルスペリングを登録商標しているケロッグにとっては、虚偽の広告として告発されずに済む、という利点にもなっています。この朝食用シリアルにフルーツはまったく入っていませんから。

レトリック中心のコミュニケーション

立場が対等ではなく、
「内情に通じている」人が、
見解を改めさせたり行動を
促したりするのが目的

関係性中心のコミュニケーション

さまざまな立場の人が
対等の立場で参加し、
話し合いを通じて関係を
強化するのが目的

話が長いほど、信じてもらえなくなる

　仕事の実績をえんえんと自慢するような人は、同僚から疑わしい目で見られるものです。遅くなる理由をこと細かに説明する子どもや配偶者は、相手を安心させるどころか、かえって心配させてしまうかもしれません。立食パーティなどで、自分の忠告に従えと詰め寄るような人は、ひんしゅくを買いがちです。だらだらと長い説明は人を不快にさせるのです。

79

わたしたち、
業界用語の
使いすぎじゃない?

だね。そろそろ
ピボットすべき
かもな。

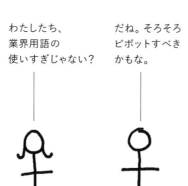

ピボットは「方向転換」を
意味する業界用語

陳腐なことばがクリエイティブを行き詰まらせる

　考えを述べるときは、ありふれた表現やちまたに溢れているバズワードを使うより、ぎこちなくても自分のことばで伝えたほうがいいです。クリエイティブプロセスで陳腐なことばを使っていては、こちらのアイデアも意見も、本当のところが伝わりません。それより、ざっくりした考えのほうがはるかに有益です。ざっくりしているがために、ほかの人たちが、欠けている部分を補おう、大雑把なところをつめよう、という気になるからです。陳腐なことばは、クリエイティブプロセスの停止ボタンを押すようなもの。だれかが取り消さなければ、話が前に進まなくなってしまいます。

弾むのはボールだけでいい。

英ブランド、ショックアブソーバーのマルチスポーツブラ広告に起用されたアンナ・クルニコワ

余分なことばを削る

　情報量が多すぎると読む人が圧倒されてしまい、メッセージがうまく伝わらない場合があります。そうなってしまうのは、相手には関心があるはずだという前提で、あるいは相手の「理解力」を疑って、書いたからかもしれません。伝えるべき核の部分がわからないままで書いた可能性もあります。

　コピーを削るときに容赦は禁物です。ただし、ただ削って短くすればいいってものではなく、一番重要な部分を浮き彫りにするのです。重要でない、効力のないことばはすべて削ります。言うべきことがほかにもあるなら、複数の広告をうつか、ウェブサイトへ誘導します。その場合、「さらに知りたい方は www.101ThingsILearned.com をご覧ください」とするのではなく、ウェブアドレスだけで十分です。

「フォーバックス〔4ドルの意〕」は、安くはないコーヒーを提供しているスターバックスを揶揄する表現。マクドナルドによるネガティブ広告として有名。

マクドナルドのある広告キャンペーン

屋外看板のコピーは簡潔に

　屋外看板は巨大とはいえ、車が通るのは一瞬ですから、注目してもらえる時間は限られています。大きな広告媒体には、フリーダイヤル、長いコピー、ウェブアドレス、その他もろもろの情報は不要です。

ブレーズ・パスカル

「長い手紙になってしまい申し訳ありません。
短い手紙を書く時間がなかったものですから」

—— ブレーズ・パスカル＊13、『プロヴァンシアルの手紙』（1656年）

83

Lite 'n' Breezee

24-hour pads

ライト＆ブリーズ（軽くてさわやか）
24時間生理用ナプキン

Firckmeyer

Security Systems

フリックマイヤー
警備システム

German tradition. American brewed.

クラップマイスター
ドイツの伝統。アメリカの醸造。

〔いずれも架空のブランド／ロゴ〕

フォントは伝えるときの口調

　メッセージを伝えるフォント（書体）は、それ自体がひとつのコミュニケーション形式です。コピーをレイアウトするときは、想定外のフォントも含めていろいろなフォントで組んでみて、伝えるべきメッセージにどう影響するか確かめます。奇抜すぎると思われるフォントは、こちらの意図を真剣に受け取ってもらえないかもしれません。ほっそりしたフォントで思いがけない新鮮味が出るかもしれません。イタリック（斜体）にすることで、ここだけの話、とか、お急ぎください、といったニュアンスが出る場合もあります。異国風のフォントで、ほかとは違う、あるいは手づくりを連想させるかもしれません。ぴったりのフォントが見つかれば、すぐにそうとわかるはずです。数ある選択肢のなかのひとつではなく、これ以外考えられない、と感じますから。

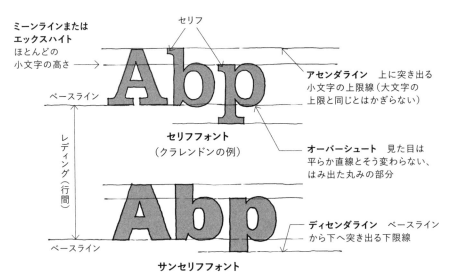

ミーンラインまたは
エックスハイト
ほとんどの
小文字の高さ →

セリフ

アセンダライン　上に突き出る
小文字の上限線（大文字の
上限と同じとはかぎらない）

ベースライン

レディング（行間）

セリフフォント
（クラレンドンの例）

オーバーシュート　見た目は
平らか直線とそう変わらない、
はみ出た丸みの部分

ディセンダライン　ベースライン
から下へ突き出る下限線

ベースライン

サンセリフフォント
（フランクリン・ゴシック・ヘビーの例）

サンセリフフォントはグロテスク（ゴシック体）

　かつてはどのフォントにもセリフ（ひげ）という、ちょっとした飾りが先端についていました。由来はよくわかっていませんが、おそらく、石に文字を刻みつけた際の端の処理だったのかもしれません。

　1700年代にサンセリフ（ひげなし）フォントが登場すると、不恰好だと思う人たちから「ゴシック（グロテスクの意）」とみなされました。この「ゴシック」という呼び方が、「フランクリン・ゴシック」や「モノタイプ・ゴシック」といった多くのフォントの正式名称として取り入れられるようになったのです。当時のゴシック体に対する批判も無理のない話でした。文字のバランスが悪く、小文字がないものも少なくなかったのです。それでも、サンセリフのほうが読みやすく、見出し、看板、ちょっとしたお知らせに向いていることがわかりました。残念ながらこれが、サンセリフは品位に欠けるフォント、という考えを助長したのです。ゴシック体を非難する人たちは、伝える価値のあるメッセージはセリフで、と考えたのです。同じような理由から、現代でも、書籍、新聞、インテリ系の雑誌やウェブサイトのほとんどが本文にセリフを使っています。タイトルや見出しはサンセリフであってもです。実際、水平に突き出たセリフのおかげで単語の構成文字がひとかたまりで目に入り、連続した文章が読みやすくなります。

1999年

Google

2015年

セリフフォントはうまくスケールしない

　セリフフォントの微妙な細部は、モバイル端末の小さな画面ではきちんと表示されないことが少なくありません。これが主な理由で、Googleがロゴをセリフからサンセリフに変更したのが2015年。この年、モバイル端末での検索がデスクトップでの検索を初めて上回っています。サンセリフの新たなGoogleロゴは、オリジナルロゴのカラフルで楽しい色づかいを維持しつつ、どんなサイズでも読みやすいものになっています。

文字がくっついている ─────────────

文字がくっついている

BLAUPUNKT

ヘルベチカ・ブラック・イタリックの初期設定の字間

アキすぎ ─────────

● **BLAUPUNKT**

アキすぎ

正式ロゴ

「BL」の傾斜アップ ─────────

L、P、Tの部分調整

TをK寄りに

● **BLAUPUNKT**

アキをならした修正案

フォントを微調整する

　フォント（書体）は、文字をどのように組み合わせても問題ないよう設計されているはずですが、実際にはスペーシング（字間）の問題が起こりえます。通常の本文ではそれほど目立たなくても、きっちりしたジャスティフィケーション（両端揃え）、拡大、ボールド（太字）、イタリック（斜体）、珍しいフォントにしたりすることで、バランスの悪さが気になる場合があります。

　スペーシングの問題を特定するには、単語を抽象作品のつもりでぼんやり眺めてみることです。余白のバランスが悪いところに注目します。文章全体の字間調整が必要なら、**トラッキング**を変更することで、全体の字間を空けたり狭めたりできます。隣り合った2文字の字間なら、**カーニング**で調整します。ロゴのように目立つ重要なものは、文字そのものを微調整することで、全体のまとまり感やバランスをとる必要があるかもしれません。

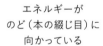

エネルギーが
のど（本の綴じ目）に
向かっている

人物が
行動喚起（CTA）に
向かっている

エネルギーを向かわせる

　人物やモノは、伝えたいメッセージに注目してもらえるようにレイアウトします。人物でも動物でもモノでも、本文コピーや行動喚起（CTA: Call To Action）に向かわせる、あるいは傾かせるようにします。動画であれば、その広告に「入ってくる」ような動きにします。

　ウェブページに掲載予定の広告なら、人物やモノのエネルギーを画面中心へ向かわせます。雑誌やカタログなど印刷媒体の広告なら、エネルギーをのど（綴じ目）に向かわせます。人物や乗り物がのどと反対方向に向いていると、その広告から「離れていく」ようで、関心なさそうに見えるかもしれません。とはいえ、見開きの右ページにある広告なら、それほど問題にはならないでしょう。右への動きは視線の流れと同じなので、注意が向かっていくからです（横書きの場合）。

　脳の処理速度は、ことばより画像のほうが6万倍速いため、人は画像を探し出して、ことばが要する余分な処理作業をショートカットしようとします。画像を見る前にヘッドラインを読んでもらう必要があるなら、視線がまずヘッドラインへ向かうよう、レイアウトやサイズを工夫します。

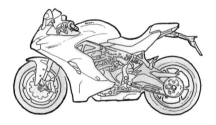

上から下へ、左から右へ「見て確かめる」

　西洋社会では、文字を読むときと同じように画像を見る、つまり、左上から見始める傾向があります。これが、車やバイクの全体を見せるとき、たいてい左向きにする理由です。この向きなら、その形状を前から後へと「読み取る」ことができるわけです。

製品の見せ方は右利きに合わせる。

ビジュアルは右利きに合わせる

　自分が使っている場面がすぐ思い浮かべられる向きに製品が置いてある広告のほうが、反応がいいことが複数の調査でわかっています。ある調査（Elder and Krishna, 2012）によると、マグの持ち手の向きをさまざまに変えた複数の広告バリエーションを見せたところ、持ち手が右側にある広告を見たときに、そのマグを購入する可能性がもっとも高くなりました。世の中の約90%は右利きなのです。

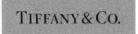

誰もが知っているようなブランドは色がすぐ思い浮かぶ。

色で感情をイキイキと表現する

黒　権威、力強さ、神秘的、シック

白　純粋、清潔、無邪気、正直

茶　土、頑丈、揺るぎない、誠実、予測可能

緑　自然、肥沃、再生可能、金持ち、妬み

青　平和、冷静、安定、保守、責任、悲しみ

赤　情熱、重要、危険、活発、怒り

橙　健康的、精力的、土、危険

黄　幸福、快活、臆病、安物

紫　クリエイティブ、独創的、ロイヤル、ロマンチック

すべてが重なると
黒になる

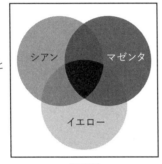

シアン　マゼンタ

イエロー

すべてが重なると
白になる

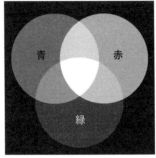

青　赤

緑

CMYK
（シアン、マゼンタ、イエロー、
キープレート＝スミ）

印刷物の色指定に使用

RGB
（レッド、グリーン、ブルー）

ウェブ上の色指定に使用

スミ（黒）を少し入れる

　ほぼどんな配色も、ある程度スミ（黒）を入れたほうが効果的です。スミには、構図を引き締めたり、色あせた感じや刷りが悪く見えたりするのを防ぐ効果があります。

春　薄黄緑、淡いブルー、ピンクなどに、より強い色で彩りを添えます。斬新さ、若々しさ、穏やかさ、女性らしさを連想させます。

夏　原色（赤、黄、青）、2次色（オレンジ、緑、紫）、3次色を強調。単純さ、刺激、わかりやすさを連想させます。

秋　茶、オリーブ、金、あずきなど。成熟、賢明、土っぽさを連想させます。

冬　銀、グレー、黒など。機械、冷たさ、無機質素材を連想させます。

ハイコントラスト　黒と白のみ、あるいは強いほかの色との組み合わせなど。力、動き、果敢さを連想させます。

蛍光色　ショッキングピンク、エレクトリックオレンジ、ライムグリーンなど。楽しさ、若々しさ、セクシーさを連想させます。

補色　色相環の正反対にある2色に基づく配色。青とオレンジ、赤と緑、黄と紫など。バランスを連想させます。

単色　色相環の隣り合う色。赤と黄とオレンジ、青とティール（緑青）など。落ち着いた感じを与えます。

ソフトフォーカスの背景

液体洗剤で演出した泡

アクリル樹脂の氷

色の濃い飲み物には
水を加えて光を入れる

自然光または弱い人工光で、
フラッシュはなし

均等にちらしたごま

氷水に浸してパリッとさせた
LTO（レタス、トマト、オニオ
ン）、レタスはしっかりはみ出
させ、パンは楊枝で固定

パンより気持ち大きめの肉は、
電気式炭火ライターで焦げ目
をつけ、植物油を塗ってジュー
シーに見せる

プロのように写真をぼかす

　プロとアマチュアの写真の違いが間違いなく現れる特徴のひとつとして、被写界深度（DOF）の扱いがあげられます。高品質カメラはレンズの絞りを調節できますから、被写体にピントを合わせ、手前も奥もぼかした写真を撮ることができます。スマホ搭載のカメラでこうした調節ができない場合は、写真画像加工ソフトウェアを使えば、背景の被写界深度をそれらしくぼかすことが可能です。

1　加工する写真を画像加工ソフトウェアで開きます。写真をコピーして同じファイルの別レイヤーにします。

2　レイヤーの下の写真が背景となります。その写真全体を「Blur」あるいは「Soften」（ぼかす）を選択します。

3　レイヤーの上のメイン写真で、被写体以外をすべて消去し、先ほどぼかした背景写真が見えるようにします。被写体に接しない程度ギリギリまで背景を消去すれば、納得のいく画像が得られるはずです。

4　2枚を組み合わせた画像をよく見て判断します。被写体がうまく目立つよう、背景をもっとぼかすか、写真の一方あるいは両方の明るさ／コントラストを調節する必要があるかもしれません。

スライドは10枚まで

プレゼンは20分以内

フォントは30ポイント以上

ビジネスコンサルタント、ガイ・カワサキ*14の「パワーポイントの10/20/30ルール」

プレゼンは2種類用意する

　プレゼンはできるだけ簡潔に、ただし、プロとしての存在感を示せるだけの時間は必要です。スライドなどビジュアル資料を使用するなら、文字はなるべく少なくします。ビジュアル資料を読み上げたり、ひとつひとつを細かく見せたり説明したりするのは NG です。混乱が生じる部分は、オープンディスカッションのときに詳しく述べればいいのです。

　手元資料も用意します。プレゼンと同じ重要ポイントを網羅しつつ、詳細、図表、ケーススタディ（事例研究）、情報源、補足資料なども盛り込み、より説得力のあるものにします。手元資料を配るのはプレゼンの最後です。こちらが話すペースに合わせて見てくれるだろう、と思って先に渡してしまうと、相手はこちらのペースではなく、各自のペースで目を通してしまいます。プレゼンの翌日にお礼の一言を添えて手元資料を送付するのも手です。

批判を文字通りに受け取らない

　こちらが制作したものを批判する人が、その改善策を提案してくることがあります。そうした改善策ではなく、批判に耳を傾けるほうが重要です。人によって異なる改善策を提案してくる可能性がありますから、そのすべてを反映させると、とんでもない方向へ行きかねません。ただし、同じ問題について複数の人がコメントしているなら、なんらかの問題があるのはほぼ確実です。

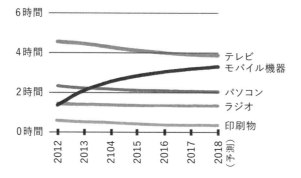

6時間

4時間 ─── テレビ
　　　　　　モバイル機器

2時間 ─── パソコン
　　　　　　ラジオ

0時間 ─── 印刷物

2012　2013　2104　2015　2016　2017　2018
　　　　　　　　　　　　　　　　　　（予測）

米国成人の1日あたりの媒体別接触時間
（eMarketer.com）

一方的に伝えるばかりでは、健全な関係は築けない

　ブランド・コミュニケーションはかつては**個から多へ**でした。広告主が多数の消費者に向かって伝え、その逆方向はほとんどか、まったくありませんでした。ブランド、製品、広告に対する消費者の影響力は限られていました。

　いまのデジタル環境下では、ブランド・コミュニケーションの**多から個へ**が可能になっています。消費者が、感謝、いらだち、激励、提案などをブランドに直接伝えられるのです。見聞きしたものが気に入らなかったり、こちらの意見が聞き入れられていないと感じたりすれば、媒体の種類の急増とアクセスのしやすさから、消費者はいつだってほかへ移れますし、実際そうしてしまいます。

みんなが無理だと言いました。
無理に決まっている、と。

身長216cmのウィルト・チェンバレン〔プロバスケットボール選手〕を起用した
フォルクスワーゲンの広告（1966年）

短所を認めたことで信頼性アップ

　フォルクスワーゲン（VW）がアメリカでビートルの販売を開始したのは、大型車全盛時代でした。そこで、広告代理店ドイル・デーン・バーンバック（DDB）は、大型車メーカーに正面から戦いを挑むのではなく、VWの車を見た率直な感想を世に知らせることにしました。当時、多くの自動車メーカーはスタイリッシュな線画を広告に好んで用いていましたが、DDBは、地味なモノクロ写真、ざっくばらんな会話口調の皮肉っぽいコピーを用いました。

　2000ドル未満の車なんて品質が劣るに違いない、という消費者の懸念に対し、DDBは「レモン（不良車の意）」というヘッドラインで語りかけたのです。ボディコピーでは、写真の車はほかのビートルと変わらないように見えるが、検査員が不備な点をひとつ見つけたため、製造ラインに戻した、と説明しています。そして「当社は不良車をすばやく摘みとっています。あなたの手に渡るのは見事な車だけ」と締めくくっています。また、見た目がスマートとは言えないVWのマイクロバスの広告では、「実際に1台盗まれました」と誇らしげなヘッドライン。ボディコピーは、エンジンの信頼性や効率性を自慢し、どんなパトカーも追いつけないから、泥棒はまんまと逃げてしまうにちがいない、と言っています。

　こうした広告は、当時の読者調査で、掲載雑誌の記事より高く評価されました。1999年、『アドバタイジング・エイジ』誌は、VWの「Think Small（小さく行こう）」を史上ナンバーワンの広告キャンペーンと評しています。

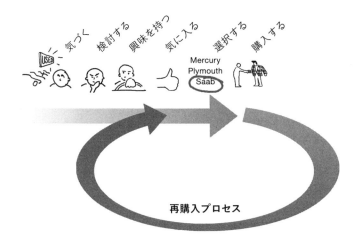

気づく　検討する　興味を持つ　気に入る　選択する　購入する

Mercury
Plymouth
Saab

再購入プロセス

購入後も長続きする関係を構築する

既存顧客に宣伝する。消費者は購入してよかったと思いたいものです。同じブランドが、また欲しくなるようなモノやサービスをこれからも提供してくれる、と知りたいのです。

最新情報を知らせる。企業動向や開発中の製品など、舞台裏を見せることで、精力的かつ前向きな企業、顧客に必要とされたときに価値を提供できる企業、というイメージを育みます。

ファンを育てる。ロイヤルティプログラム、紹介へのインセティブ、クチコミ宣伝に対する報奨などで、顧客とブランドの長期にわたる関係を育みます。

購入者に感謝のメッセージを送る。メッセージには顧客の氏名を入れてカスタマイズし、追加情報や、さらなる購入や紹介へのインセンティブにも触れておきます。

カスタマーサービスを優先させる。問題は起こるものですから、それを見越して対策を講じ、相手の身になって徹底的に解決します。

しつこくしない。コンタクトする方法や頻度は、売り物によって適宜変えます。顧客が自分の好みで簡単に設定変更できるようにします。

マヤ・アンジェロウ

「人は、あなたが言ったこと、あなたがしたことは、いずれ忘れてしまいます。でも、あなたにどんな気持ちにさせられたかは、決して忘れないものです」

—— マヤ・アンジェロウ*15

Creative **Specialized** Focused
Leadership **Strategic**
Passionate
Expert Excellent
Experienced Certified

LinkedIn（リンクトイン）のプロフィールで使用頻度がもっとも高かったバズワード（2017年）

これまでにしてきたことよりも、
次になにができるかのほうが重要

　面接担当者は、あなたがこれまでに携わったプロジェクトをすべて見たいとは思っていません。あなたがこの会社に合うかどうかを知りたいのです。提出する作品集は、相手企業のニーズに合った自信作だけにします。そうした取捨選択がうまくできなければ、自分は編集のしかたを知らない、どれが自分の傑作かわからない、と伝えているのも同然です。

　作品集を面接でのやりとりの手段として活用しましょう。面接担当者の興味を引くプロジェクトについて話すのです。どんな依頼だったのか、どのようなプロセスやインサイトを経たのか、クライアントのニーズにどのように応じたのか、さらに、こうすればもっとよかった、というところまで説明しましょう。

1960 年代のマンハッタンの広告代理店を舞台にした
ドラマ『マッドメン』でジョン・ハムが演じた主人公、ドン・ドレイパー

自分がつくった広告を目にするのは、
ちょっとした有名人気分

　広告を学んでいるあいだは、仲間、講師、招かれた企業人などから自分の
つくったものを批評してもらえます。広告業界で働くようになれば、「ありと
あらゆる人」から批評されることになります。失敗作も知れわたってしまい
ます。それでも、批判や羞恥心で参っているヒマなどありません。優れた広
告をつくれば、それもまた、広く知られるようになるのです。

謝辞

　ショーン・アダムズ、アシュリー・アンディ、ダイアン・ハイデンウォルフ・ビューークナー、ブライン・ベンシュター、トリシア・ボクツコウスキー、テイタム・ブラウン、ミッシェル・チェイニー、リサ・ドビアス、クラーク・エバンズ、ソーシー・フェアバンク、ジョン・フローター、タラ・フォード、キルヤ・フランシス、マット・インマン、フィル・ジョンソン、ジーン・キンケイド、アンドレア・ラウ、レベッカ・リーベルマン、ジル・リバーサット、エリザベス・マッカーシー、ミニオンズ、ジェフ・ニクソン、アマンダ・パッテン、チャーリー・D・レイ、ジャネット・リード、アンジェリーナ・ロドリゲス、モーリー・スターン、リック・ウルフ、どうもありがとう。

訳者あとがき

　本書は、アメリカの大学で教わる「広告・宣伝」の基礎知識をさくっと学べる入門書です。シリーズタイトル「101のアイデア」の原題は「101 Things I Learned®」。アメリカの大学で「101」が指す基礎や初級講座の意味もかけて、「わたし（著者）が学んだ101の基本的なこと」といった感じでしょうか。切りのいい「100」ではなく、1つ足してあるのも、マーケティング手法です。実際、本シリーズは25言語で出版され、世界的ベストセラーだそうです。

　アメリカには、母語や文化習慣が異なる多様な移民が、日本の約25倍の土地に暮らしています。みんなが最初から英語ネイティブとはかぎりませんし、英語の理解力も、背景知識の有無も、地域性も、さまざまです。こうした環境で、わかりやすく伝え、理解してもらい、行動してもらう広告の試行錯誤や工夫を昔から積み重ねてきています。

　そんなアメリカで教えている、そもそも広告とはなにか、なんのために、どうやって、どのように伝えるのがもっとも効果的か、といった基本が、ランダムに、簡潔に、ときにユーモラスに説明されています。日本とは事情が異なる点もありますが、基本的には日本でも押さえておくべきポイントばかりです。

　広告業界志望者、広告・宣伝の基本を押さえておきたい社会人、広告に純粋な興味がある人なら、楽しみながら予備知識を身につけられますし、現役広告人も、壁にぶち当たったときなどに開けば、基本に立ち返るヒントとなるでしょう。

2021年11月　齋藤慎子

参考文献

Lesson 39: Greg J. Lessne, "The Impact of Advertised Sale Duration on Consumer Preference," *Proceedings of the 1987 Academy of Marketing Science Annual Conference;* Greg J. Lessne and Elaine M. Notarantonio, "Effects of limits in retail advertisements: A reactance theory perspective," *Psychology and Marketing* 5, no. 1 (Spring 1988): 33–34; M. B. Mazis, R. B. Settle, and D. C. Leslie, "Elimination of phosphate detergents and psychological reactance," *Journal of Marketing Research* 10 (1973): 390–95.

Lesson 41: S. S. Yang, S. E. Kimes, and M. M. Sessarego, "$ or dollars: Effects of menu-price formats on restaurant checks," *Cornell Hospitality Report* 9, no. 8 (2009): 6–11.

Lesson 43: David B. Strohmetz, Bruce Rind, Reed Fisher, and Michael Lynn, "Sweetening the Till: The Use of Candy to Increase Restaurant Tipping," *Journal of Applied Social Psychology* 32 (2002): 300–309.

Lesson 55: Jack W. Brehm, *A Theory of Psychological Reactance* (New York: Academic Press, Inc., 1966).

Lesson 90: Ryan S. Elder and Aradhna Krishna, "The 'Visual Depiction Effect' in Advertising: Facilitating Embodied Mental Simulation Through Product Orientation," *Journal of Consumer Research* 38, no. 6 (April 2012).

訳註

＊1　ジェームズ・ランドルフ・アダムズ：新聞記者を経てコピーライターに。広告代理店マクマヌス・ジョン＆アダムズ創業者、元社長兼会長。（→Lesson 10）

＊2　ロバート・プルチック：心理学者、共著書に『円環モデルからみたパーソナリティと感情の心理学』（福村出版）など。（→Lesson 21）

＊3　インタラクティブ・アドバタイジング・ビューロー（IAB）：ネット広告業界団体、米国ニューヨークに本部を起き、約650社のメディアとテクノロジー企業が加盟する。（→Lesson 23）

＊4　ジョン・ワナメイカー：フィラデルフィア出身の百貨店経営者。広告の利用とマーチャンダイジングにおける企業経営の先駆者。（→Lesson 25）

＊5　ビーコンズ（Beacons）：クリエイター向けのソーシャルメディア・ウェブサイトビルダー。寄付、販売、有料リクエスト、アフィリエイトショッピングなどのツールを提供する。（→Lesson 27）

＊6　バーブラ・ストライサンド：女優、作曲家、映画制作者としても活躍。（→Lesson 39）

＊7　テックダート（Techdirt）：1997年にマイク・マズニックによって創設された、デジタル革命以後の技術をめぐる法律・ビジネス・政策のさまざまな問題を主なテーマとするブログサイト。www.techdirt.com（→Lesson 39）

＊8　ヘレン・ランズダウン・リザー：ジェイ・ウォルター・トンプソン（JWT）の幹部であり、著名なコピーライター。1967年に広告殿堂入り。（→Lesson 55）

＊9　ヘンリー・フォード：アメリカの自動車会社フォード・モーター創設者。(→Lesson 63)

＊10　デイブ＆バスターズ：ゲームセンター、スポーツバー、レストランを合体させたエンターテインメント型飲食店(→Lesson 64)

＊11　バッファロー・ワイルド・ウィングス：カジュアルなレストラン兼スポーツバー(→Lesson 64)

＊12　ジョン・C・ジェイ：世界的クリエイター。W+Kの元クリエイティブ共同責任者。現在、ファーストリテイリングのグローバルクリエイティブ統括(2020年時点)。(→Lesson 71)

＊13　ブレーズ・パスカル：17世紀フランスの思想家、数学者、物理学者。主著に『パンセ』など。(→Lesson 83)

＊14　ガイ・カワサキ：著述家、投資家、ビジネスアドバイザー。Apple Computer(現Apple inc.)のエバンジェリストとして知られる。(→Lesson 94)

＊15　マヤ・アンジェロウ：米国の公民権運動家、詩人。2011年に大統領自由勲章受賞。(→Lesson 99)

著者プロフィール

トレイシー・アーリントン（Tracy Arrington）
テキサス州オースティンにある総合広告代理店でコンシューマ・インサイトおよびメディア・ディ
レクターを務める。広告およびメディアキャンペーンを手がけた世界的ブランドは、AT&T、バンク・
オブ・アメリカ、BMW、デル、ドリームワークス、マスターカード、ナイキ、シルバニア、タコベル、
ウォルマートなど多数。テキサス大学オースティン校講師。

マシュー・フレデリック（Matthew Frederick）
建築家、都市計画者。デザインおよびライティング講師。〈101のアイデア〉シリーズの生みの親。
ニューヨーク州ハドソンバレー在住。

訳者プロフィール

齋藤 慎子（さいとうのりこ）
大阪の広告企画制作会社国際部でアメリカの成果主義広告を学び、国や文化の違いに応じた広告企
画制作を実践。その後、広告代理店AEなどを経て、英語・スペイン語翻訳者に。広告　マーケティン
グ関連の主な訳書として、ケープルズ『ザ・コピーライティング』（ダイヤモンド社）、ケネディ『究極の
セールスレター』（東洋経済新報社）、シェリダン『世界一シンプルな増客マシーンの作り方』（実業之日本
社）ほか、訳書多数。

広告・宣伝を学ぶ 101のアイデア

2021年11月25日　初版発行

著者　　　　　トレイシー・アーリントン、マシュー・フレデリック
訳者　　　　　齋藤慎子

デザイン　　　戸塚泰雄 (nu)
日本語版編集　田中竜輔 (フィルムアート社)

発行者　　　　上原哲郎
発行所　　　　株式会社フィルムアート社
　　　　　　　〒150-0022 東京都渋谷区恵比寿南1-20-6 第21荒井ビル
　　　　　　　Tel 03-5725-2001　Fax 03-5725-2626
　　　　　　　http://www.filmart.co.jp/

印刷・製本　　シナノ印刷株式会社